CANGAÇOS

CANGAÇOS
GRACILIANO RAMOS

ORGANIZAÇÃO
THIAGO MIO SALLA
IEDA LEBENSZTAYN

2ª edição

RIO DE JANEIRO • SÃO PAULO

2024

CIP-BRASIL. CATALOGAÇÃO NA PUBLICAÇÃO
SINDICATO NACIONAL DOS EDITORES DE LIVROS, RJ

Ramos, Graciliano, 1892-1953
R143c Cangaços / Graciliano Ramos; [organização de Thiago Mio
2ª ed. Salla e Ieda Lebensztayn]. – 2ª ed. – Rio de Janeiro: Record, 2024.

ISBN 978-85-01-40446-6

1. Literatura brasileira. I. Título.

CDD: 869.93
14-10419 CDU: 821.134.3(81)-3

Imagem de capa: *Cangaceiro*, de Aldemir Martins. Imagem cedida por Bel Galeria de Arte.

Texto revisado segundo o Acordo Ortográfico da Língua Portuguesa de 1990.

Direitos exclusivos desta edição reservados pela
EDITORA RECORD LTDA.
Rua Argentina, 171 – 20921-380 – Rio de Janeiro, RJ – Tel.: (21) 2585-2000

Impresso no Brasil

ISBN 978-85-01-40446-6

Sumário

Eu ouvia, fascinado. Passara a meninice acalentado pelas estrepolias dos cangaceiros, da polícia volante, duas pestes que nos assolavam. E contei de uma noite, após a ceia, em que atraído pelos foguetes saí à calçada e vi os caminhões, as cabeças cortadas, espetadas em estacas, de Lampião, Maria Bonita e mais dez outros, os soldados empunhando archotes, gritando vitoriosos, um cortejo macabro pelas ruas de Maceió. Sonhos assombrados, semanas no pesadelo.

Ricardo Ramos, *Graciliano: retrato fragmentado*, 1992

"Faz de conta que os sabugos
são bois..."
"Faz de conta..."
"Faz de conta..."

E os sabugos de milho
mugem como bois de verdade...

e os tacos que deveriam ser
soldadinhos de chumbo são
cangaceiros de chapéus de couro...
[...]

Jorge de Lima, "O mundo do menino impossível", 1927

— [...] *Quem paga tudo isto é o sertanejo que nem pode trabalhar sossegado. Quando não tem seca, tem soldado. Quando não tem soldado, tem cangaceiro.*

José Lins do Rego, *Cangaceiros*, 1953

[...]. *Divagava imaginando o mundo coberto de homens e mulheres da altura de um polegar de criança. Não me havendo chegado notícia das viagens de Gulliver, penso que a minha gente liliputiana teve origem nas baratas e nas aranhas. Esse povo mirim falava baixinho, zumbindo como as abelhas. Nem palavras ásperas nem arranhões, cocorotes e puxões de orelhas. Esforcei-me por dirimir as desavenças. Quando os meus insetos saíam dos eixos, revelavam instintos rudes, eram separados, impossibilitados de molestar-se. E recebiam conselhos, diferentes dos conselhos vulgares. Podiam saltar, correr, molhar-se, derrubar cadeiras, esfolar as mãos, deitar barquinhos no enxurro. Nada de zangas. Impedidos os gestos capazes de motivar lágrimas.*

Graciliano Ramos, "José da Luz", 1943,
Infância (1945)

Apresentação: Os cangaços de Graciliano Ramos

IEDA LEBENSZTAYN E THIAGO MIO SALLA

Em 1938, as chuvas de "notícias sangrentas" vindas do Nordeste ganharam contornos ainda mais dramáticos: o problema da seca na região, que perdura até hoje, aponta para os mesmos fatores econômicos e políticos que estavam na raiz do banditismo sertanejo. É o que se lê em "Dois irmãos", artigo de Graciliano Ramos sobre o cangaço — inédito em livro, ora apresentado. Saiu em *Diretrizes* em setembro de 1938, um mês e alguns dias depois de terem sido decapitados Lampião, Maria Bonita e cangaceiros do seu bando.

Tamanha barbaridade afligia o escritor, então radicado no Rio de Janeiro depois de ter passado quase um ano preso, sem acusação prévia, de março de 1936 a janeiro de 1937. A estrutura social fincada em desigualdades, gerando fome e luta por sobreviver, resultava na violência de cangaceiros e da polícia, patente na degola de Lampião e de seu grupo em julho de 1938 e na exposição das cabeças, atrocidades tão noticiadas à época.

Revoltado contra injustiças e desejoso de ação, porém sendo um intelectual, afeito à palavra escrita, Graciliano se inquietou com as questões do cangaço e do beatismo. Mais do que meros assuntos da ordem do dia, eles carregam uma rede de problemas que atingiam a sensibilidade do escritor, pedindo-lhe reflexão e forma artística.

Tanto é que "Dois irmãos" integra uma série de crônicas nas quais Graciliano reflete sobre problemas do Nordeste, do Brasil e da civilização a partir da questão do cangaço: "Sertanejos", "Lampião" (1931), "Comandante dos burros" (1933), "A propósito de seca" (1937), "Virgulino", "Cabeças", "O fator econômico no cangaço", "Dois cangaços", "Antônio Silvino", "Desordens" (1938), "Corisco" (1940, provavelmente) e "D. Maria" (1941) .

O propósito deste livro é levar a público esse conjunto de artigos, apresentando-os conforme a cronologia de sua escrita/publicação na imprensa, e ampliar a compreensão das questões ligadas ao cangaço, em sua significação sociopolítica e seu alcance estético, a partir da perspectiva de Graciliano Ramos. O horizonte é perceber como se *constrói* a força de sua arte, que combina a *representação* crítica da realidade com a *expressão* de conflitos subjetivos.[1]

Nesse sentido, cumpre indicar para os leitores que, embora incluído em *Viventes das Alagoas* (volume póstumo, 1962) ao lado de textos sobre o cangaço posteriores à prisão do escritor, "Lampião" é de 1931; precede, portanto, a publicação de seus romances. Primeiro texto em que Graciliano se empenhou para compreender o cangaço, nele já explicitava não lhe interessar apenas o indivíduo

Virgulino Ferreira, mas a motivação do "lampionismo": a necessidade de viver levava os sertanejos a aderirem ao banditismo.

O leitor reconhece aí a matéria a que Graciliano deu forma nos romances: não teceu, no entanto, a representação de cangaceiros como protagonistas, antes configurou impasses de personagens, experienciados em condições adversas semelhantes às dos bandoleiros, e aludiu a estes.[2] Se em 1937/8 o romancista daria vida à resistência ética de Fabiano — que, em nome da família e de não se *inutilizar*, supera o desejo de ser cangaceiro e de se vingar das injustiças a ele infligidas pelo soldado amarelo —, a face resignada do sertanejo de *Vidas secas*, para quem a sujeição ao governo é natural, já aparecia em "Lampião" (1931), "Comandante dos burros" (1933, *Jornal de Alagoas*) e em "A propósito de seca" (1937): a frase "apanhar do governo não é desfeita" se reitera nesses três textos e no romance.

"Lampião" saiu na revista *Novidade* (Maceió, 1931), bem como o capítulo XXIV de *Caetés*, romance de estreia de Graciliano, publicado dois anos depois, e as crônicas "Sertanejos", "Chavões" e "Milagres". Como se entrevê nos títulos, esses textos marcam-se pelo empenho crítico, próprio da geração do semanário, e pela singularidade do estilo de Graciliano, contra chavões na arte e na política. Material rico para a historiografia literária brasileira, a *Novidade*, que teve 24 números, de 11 de abril a 26 de setembro de 1931, apontava a persistência do quadro de miséria depois da chamada revolução de 1930: a seca, a fome, o analfabetismo, a exploração do trabalho, a violência do cangaço, a indústria das santas milagreiras, a política personalista, a necessidade de reforma da Constituição.

Em seu caráter a um tempo literário e político, tal periódico estampou também uma “entrevista” não assinada com Lampião: construção ficcional alicerçada na observação da realidade, singular em seu estilo irônico, espirituoso, essa página demanda a atenção do leitor. Ele pode adivinhar a consciência e o humor de Graciliano nesse “diálogo” com o bandido, criado para a *Novidade*. Um conjunto de fatores de cunho temático e estilístico, presentes nas crônicas do escritor publicadas no mesmo periódico, permite-nos fazer a asserção de que o autor de *Caetés* está por trás da palestra com Lampião: a referência zombeteira ao esoterismo (meio utilizado para conseguir a palestra com o temível bandoleiro); o lampionismo literário (conceito que abarca a crítica a certa literatura “civilizada”, bacharelesca e oficial, marcada pela adoção de estrangeirismos, pelo uso de “adjetivos idiotas” e pelo desconhecimento dos rincões brasileiros); a agudez em relação à miséria absoluta e ao caráter falacioso da palavra escrita; a preceptiva poética de que é preciso conhecer o sertão para se falar dele, entre outros elementos.

No entanto, como a entrevista com Lampião não é assinada por Graciliano, faz-se necessário saber quem são os demais escritores da *Novidade*, que podem ter colaborado com o texto: dos mais velhos, além de Graciliano, destacam-se Jorge de Lima, também com quase quarenta anos, e José Lins do Rego, com trinta anos; a maioria era jovem, em seus vinte anos, chamados de “meninos impossíveis” devido à sua admiração pela poesia moderna de Jorge de Lima, iniciada com "O mundo do menino impossível" (1927). Vários deles se tornariam grandes intelectuais e artistas brasileiros, tendo-se reencontrado posteriormente no Rio de Janeiro, em especial na Livraria José Olympio: o crítico Valdemar Cavalcanti, o historiador Alberto Passos Guimarães (os fundadores da revista); o filólogo e contista Aurélio Buarque de Holanda, o pintor, capista e cenógrafo Santa Rosa (poetas na *Novidade*); o cientista político Diégues Júnior, dentre outros.

José Lins do Rego, que viveu de 1926 até 1935 em Maceió, quando se tornou amigo de Graciliano, dedicou-se também à questão do cangaço: sobretudo nos romances *Pedra bonita* (1938) e *Cangaceiros* (1953), mas também em *Menino de engenho* (1932), *Fogo morto* (1943) e *Meus verdes anos* (1956), nos quais é marcante a figura do cangaceiro Antônio Silvino.

Justamente as diferenças entre um primeiro cangaço, do tempo de Antônio Silvino, e o posterior, de bandos mais numerosos, movem as reflexões de Graciliano Ramos em vários artigos, como "A propósito de seca" (1937) e, principalmente, "Dois cangaços" e "O fator econômico no cangaço", ambos de 1938. Com o fito de dar a conhecer aos leitores da capital do país as entranhas do banditismo da região Nordeste, esses textos possuem um tom mais teórico, voltado para explicar que o "fator social", a luta política por propriedades, originou os bandoleiros do passado, vindos de famílias ricas e tradicionalmente admirados por seu cavalheirismo; depois, o "fator econômico" fez crescerem os bandos de cangaceiros, "escolas ambulantes" de sertanejos premidos pela miséria e violência.

Nos demais artigos, como indicam seus títulos, essas questões são observadas em seus desdobramentos a partir de fatos e situações envolvendo os cangaceiros: "Antônio Silvino", "Virgulino", "Corisco", "Cabeças", "Desordens" e "D. Maria", crônica esta de sabor mais literário, publicada na revista *Cultura Política*. Nas páginas de tal periódico, Graciliano foi responsável pela seção "Quadros e Costumes do Nordeste", na qual procurava construir uma história literária do cotidiano nordestino, por meio da elaboração de uma espécie de inventário etnográfico da vida sertaneja. Visava a mostrar aquele espaço arruinado, bem como os habitantes dele, norteando-se pela necessidade maior de estudo da "realidade do país". Não por acaso, a questão do cangaço avulta quando o artista pinta o retrato de uma coronela sertaneja que transige com Lampião, acomodando-o em sua casa e recrutando moças das redondezas para servir aos apetites sexuais do bando do cangaceiro. Mandonismo, miséria e cumplicidade com as diferentes facetas da violência dão o tom de tal registro, que se aproxima da ficção.

Para melhor compreender os "dois cangaços" (o do passado, de caráter social; e o do presente, de motivação econômica), notem-se as datas de nascimento e morte de alguns de seus chefes: Jesuíno Brilhante (1844-1879), Antônio Silvino (1875-1944), Lampião (1898-1938), Corisco (1907-1940). Destes, apenas Silvino não foi assassinado, mas preso de 1914 até 1937. Em "Antônio Silvino", Graciliano, que visitou o bandoleiro na cadeia, pondera sobre a visão estereotipada que se tem dos bandidos, sobre a altivez daquele antigo comandante de sertanejos anônimos, e sobre a experiência do cárcere, pela qual também passou. Juntamente com a crônica "Comandante de burros", "Antônio Silvino" passou a integrar o livro *Viventes das Alagoas* (1962) a partir apenas da 15ª edição, em 1992. Contudo, como a inclusão de tais escritos nesse volume póstumo não foi editorialmente assinalada, eles guardam certo sabor de novidade que cumpre agora trazer a público, no enquadramento aqui proposto.

Sublinhe-se "Dois irmãos", até hoje inédito em livro. Tendo por mote *Pedra bonita* e inspirado nas imagens bíblicas de Esaú e Jacó, o escritor nesse artigo delineia poética e criticamente os caminhos dos sertanejos.

E leia-se sobretudo "Cabeças": duas páginas únicas sobre a barbárie — de cangaceiros, policiais, proprietários, governantes, da imprensa sensacionalista e da Segunda Guerra Mundial, que o escritor anteviu.

Próprios de Graciliano, destacam-se o empenho por clareza, a agudez e sensibilidade ao apreender caracteres sociais e psicológicos, e a força expressiva da ironia. Lembre-se também que Graciliano escrevia no Rio de Janeiro, apresentando aos leitores "um estudo sobre o Nordeste e seus problemas" — retomadas aqui palavras de *Diretrizes*, em que saiu o artigo "Dois cangaços". Do Rio, também o *Observador Econômico e Financeiro*, *A Tarde*, o *Diário de Notícias*, *Cultura Política*, *Revista do Povo: Cultura e Orientação Popular* e *O Jornal* concederam espaço para a visão de Graciliano sobre o cangaço.

Dessa forma, haver encontrado "Dois irmãos" em *Diretrizes*, bem como a entrevista de Lampião em *Novidade*, e desejar partilhá-los com os leitores constituem a motivação deste livro, junto com a percepção de que o problema do cangaço incitou a pena de Graciliano em mais de dez artigos, não apenas a partir de 1938, mas já em 1931. Esses textos sobressaem por seu olhar ferino em relação ao sensacionalismo da imprensa, ao falseamento da realidade pelos discursos do poder, à construção de heróis mistificadores. Abrindo para a compreensão dos impasses inerentes ao cangaço, deixam ver a necessidade e os limites da mediação pelas palavras, pela arte num mundo de violência.

Então, ao se apresentarem como um conjunto uno, os textos do presente livro, publicados originariamente em diferentes coordenadas espaciais e temporais, ganham nova significação, que se acrescenta ao sentido individual de cada escrito. Essa nova constelação semiótica em torno do banditismo sertanejo permite divisar melhor o modo como Graciliano examinou em perspectiva a questão da violência nos rincões nordestinos e em que medida essa matéria se espraia pelo conjunto de sua produção literária. Possibilita, ainda, criar um novo e imprevisto diálogo entre os textos, que, na ambientação discursiva aqui proposta, demandam do leitor um novo olhar, que transite do singular (as peculiaridades de cada escrito de Graciliano sobre o cangaço) ao coletivo (a coerência temática e ressonante do título *Cangaços*) e vice-versa, na abertura de novas brenhas para se compreender tanto o homem quanto sua obra.

Convite para se perceber o alcance artístico obtido a partir das questões subjacentes ao cangaço, oferecem-se ao leitor os capítulos “Cadeia” e “O soldado amarelo”, de *Vidas secas*, nos quais Graciliano encontrou um caminho poético e ético para Fabiano. Os capítulos autônomos desse "romance desmontável" (segundo a formulação de Rubem Braga)[3] foram elaborados para a imprensa pelo escritor recém-saído do cárcere. Nessa obra, a expressão "apanhar do governo não é desfeita", recorrente nas crônicas de Graciliano do início dos anos 1930, ganhou dimensão literária: o romancista, que sofreu a prisão em 1936, partilha com Fabiano a revolta contra os arbítrios do autoritarismo, registrando em palavras a fragilidade e a força do vaqueiro.

Quanto ao estabelecimento dos textos reunidos na presente obra, contamos com as versões deles publicadas na imprensa, com seus manuscritos pertencentes ao Arquivo Graciliano Ramos, do Instituto de Estudos Brasileiros, IEB-USP, e à Casa Museu Graciliano Ramos, de Palmeira dos Índios, bem como com os livros póstumos *Viventes das Alagoas* (1962) e *Linhas tortas* (1962), organizados por Heloísa Ramos, Ricardo Ramos e James Amado, que coligiram parte da produção de Graciliano dedicada ao cangaço.

Como critério de seleção dos testemunhos aqui compilados, tomamos como base os manuscritos. No entanto, quando estes não existem nos arquivos ou parecem versões intermediárias, não estando datadas, privilegiamos as que Graciliano Ramos publicou no jornal, sobretudo se mais fidedignas em termos de vocabulário e sintaxe, aproximando-se daquela que se imagina ser a última redação pretendida pelo autor. A versão escolhida e as variantes estão indicadas no rodapé.[4] Além disso, com o objetivo de situar editorial e historicamente cada texto, bem como de esclarecer os diferentes elementos que os compõem, investiu-se na produção de notas informativas, seguindo-se recente tradição instaurada pela obra *Garranchos* (2012), que trouxe ao público mais de oitenta textos de Graciliano Ramos até então inéditos em livro.

Por fim, importante reiterar que "Lampião", embora de 1931, pareceu ter sido escrita posteriormente — porque, perdido o seu manuscrito, saiu em 1953 na sequência de "Virgulino" no *Diário de Notícias* e, em 1962, ao lado das demais crônicas sobre o cangaço em *Viventes das Alagoas*. E aqui ressalta o caráter a um tempo provisório e fecundo da recolha de textos.

Nesse sentido, o posfácio traz comentários e análises dos artigos aqui apresentados — caminhos possíveis de interpretação. O propósito mesmo é que os leitores se detenham nas palavras de Graciliano Ramos.

Notas

1. Cf. BOSI, Alfredo. *Reflexões sobre a arte*. 4. ed. São Paulo: Ática, 1991; Id. *Brás Cubas em três versões*. São Paulo: Companhia das Letras, 2006.
2. Referências a figuras de cangaceiros aparecem em *Angústia*. Em especial, perturba Luís da Silva a imagem de Cirilo de Engrácia, que, morto em 1935, foi fotografado ao lado de seus assassinos: amarrado a uma tábua, os olhos fechados e os pés suspensos, era um defunto em pé. A foto consta do Caderno de imagens deste volume.
3. Cf. BRAGA, Rubem. "Discurso de um ausente" (1942). In: SCHMIDT, Augusto Frederico et al. *Homenagem a Graciliano Ramos*. Rio de Janeiro: Alba, 1943, pp. 118-24. Tal livro foi reeditado por Hermenegildo Bastos et al., acompanhado de *Catálogo de benefícios: o significado de uma homenagem*. Brasília: Hinterlândia, 2010.

4. O *Catálogo de manuscritos do Arquivo Graciliano Ramos*, coordenado por Yêdda Dias Lima e Zenir Campos Reis (São Paulo: EDUSP / IEB-USP, 1992), e *Graciliano Ramos e a revista Cultura Política: pequena abordagem interpretativa na proposta de edição crítica de* Viventes das Alagoas, tese de doutorado de Nádia Regina Marques Coelho Bumirgh (São Paulo: FFLCH-USP, 2003, 2 vols.), trazem informações sobre os manuscritos e sobre publicações de Graciliano na imprensa. Fonte de pesquisa é também a Hemeroteca Digital Brasileira, da Biblioteca Nacional.

Sertanejos[1]

Para o habitante do litoral o sertanejo é um indivíduo meio selvagem, faminto, esfarrapado, sujo, com um rosário de contas enormes, chapéu de couro e faca de ponta. Falso, preguiçoso, colérico e vingativo. Não tem morada certa, desloca-se do Juazeiro do padre Cícero[2] para o grupo de Lampião,[3] abandona facilmente a mulher e os filhos, bebe cachaça e furta como rato.

É esse, pouco mais ou menos, o sertanejo que a gente da cidade se acostumou a ver em jornais e em livros. Como, porém, livros e jornais de ordinário são feitos por cidadãos que nunca estiveram no interior, o tipo que apresentam é um produto literário. Essa mistura de retirante, beato e cangaceiro, enfeitada com um patuá, duas alpercatas e muitas figuras de retórica, torna-se rara. Os homens de minha terra podem ter por dentro a cartucheira e os molambos, mas exteriormente são criaturas vulgares, sem nenhum pitoresco.

Os sertanejos dos campos estiveram no Amazonas, em São Paulo e no Espírito Santo; tiraram borracha, plantaram café, voltaram com maços de notas e dispostos a esbanjá-las depressa. Alguns, incapazes de exercícios pesados, meteram-se no exército e na marinha, e os que haviam ido à cadeia e levado pancada entraram na polícia e vingaram-se.

Todos esses sujeitos regressaram muito sabidos, estranhando tudo, falando difícil, desconhecendo os amigos, ignorando os nomes dos objetos mais corriqueiros, confundindo bode com onça. Naturalmente não quiseram mais criar bodes. Tornaram-se negociantes ambulantes ou adquiriram um pedaço de terra e foram explorar o trabalho dos outros.

Os moradores das cidades leram jornais e aprenderam bastante. A literatura e a ciência deles, que estavam contidas no Carlos Magno[4] e no Lunário Perpétuo,[5] aumentaram de modo considerável. Conhecem o José de Alencar, o Júlio Verne, a Constituição brasileira e a seleção natural.

Aparecem entre eles alguns doutores que defendem a liberdade, outros atacam o vigário. E há o rábula, o farmacêutico, o tabelião, o caixeiro que estuda gramática, o redator da folha semanal.

As pessoas notáveis do lugar são comerciantes que passam metade dos dias encostados à carteira, cochilando, e a outra metade debaixo das árvores do largo da feira, tesourando a vida alheia, tecendo mexericos. O assunto preferido é a política. Escangalham o prefeito e o delegado de polícia, vão subindo e, com ligeiras paradas nas secretarias e no gabinete do governador, acabam desmantelando o ministério e o presidente da República.

Falam demais, não ganham quase nada e começam a sentir necessidades exorbitantes. Têm rodovias, estradas de ferro, luz elétrica, cinema, praças com jardins, filarmônicas, máquinas de escrever e pianos. Só faltam escolas e hospitais. Por isso os sertanejos andam carregados de muita verminose e muita ignorância.

Trabalham pouco, pensam pouco. Mas querem progresso, o progresso que veem, encantados, nas fitas americanas. E progridem sem tomar fôlego. Numa casa velha de taipa arranjam uma sala bonita e metem dentro quadros, cortinas e penduricalhos.

Dançam o *charleston*, jogam o *foot-ball*, ouvem o jazz, conhecem o *box* e o *flirt*. Até nos jogos de cartas esqueceram o honesto sete e meio e adotaram, sem nenhuma vergonha, as ladroeiras do *poker*. Daí tiraram o *bluff*, que invadiu o comércio e a política. Em algumas regiões já existe o *turf*. E em toda a parte a gasolina, o motor U.S.A.

Entretanto os rios estão secos, o gado morre, a lagarta rosada deu no algodão. Tudo tão pobre...

Para que esse bando de coisas de nomes esquisitos? Não era melhor que continuassem a cultivar o terço, o reisado, o pastoril, a quadrilha, a cavalhada, o bozó pelo Natal, as sortes em noites de São João? Isto é nosso e é barato. O resto é dos outros e caro.

Dentro em pouco estarão todos no sertão falando inglês. Mas nós não somos ingleses...

Notas

1. RAMOS, Graciliano. "Sertanejos". *Novidade* (Direção de Valdemar Cavalcanti e Alberto Passos Guimarães). Maceió: Livraria Vilas-Boas n. 1, p. 11, 11 abr. 1931. O semanário *Novidade* teve 24 números, de 11 de abril a 26 de setembro de 1931.
   "Sertanejos" consta de *Garranchos: textos inéditos de Graciliano Ramos*. Org. Thiago Mio Salla. Rio de Janeiro: Record, 2012.
2. Padre Cícero nasceu no Ceará em 24 de março de 1844 e faleceu a 20 de julho de 1934. Na condição de santo popular de Juazeiro do Norte teve larga influência na vida política cearense. Foi considerado pelo poeta João Mendes de Oliveira um quarto membro da Santa Trindade. Ganhou notabilidade por ocasião da seca de 1877, quando, na condição de vigário da Capela Nossa Senhora da Conceição, em Juazeiro, devotou-se a minorar as mazelas da população do lugar. Em seguida, sua paróquia tornou-se local de peregrinação, sobretudo após a realização de supostos milagres. Como consequência de seu poderio religioso, torna-se o primeiro prefeito de Juazeiro e vice-governador do Ceará. (Cf. GRUNSPAN-JASMIN, Élise. *Lampião, senhor do sertão: vidas e mortes de um cangaceiro.* São Paulo: Edusp, 2006, p. 95).
3. Virgulino Ferreira da Silva, conhecido como Lampião, nasceu provavelmente em 4 de junho de 1898 (ainda hoje tal data é objeto de controvérsias), no sertão de Pernambuco, na região de Pajeú. Foi morto pela força volante do tenente João Bezerra em 28 de julho de 1938, na fazenda Angicos, situada no sertão do Sergipe. Para mais informações sobre a vida do célebre cangaceiro, além dos textos de Graciliano recolhidos na presente obra (especialmente "Lampião" e "Virgulino"), destaque para, entre outros, BARROS, Luitgarde O. C. *Derradeira gesta, Lampião e Nazareno: guerreando no sertão.* Rio de Janeiro: Mauad, 2000; MELLO, Frederico Pernambucano de. *Guerreiros do sol: violências e banditismo no Nordeste do Brasil.* São Paulo: A Girafa Editora, 2004; e para GRUNSPAN-JASMIN, Élise. *Lampião, senhor do sertão: vidas e mortes de um cangaceiro*, cit.

4. Referência a *Carlos Magno e os doze pares de França*, obra muito popular em Portugal e no Brasil, que fornece material sobretudo aos cantadores do sertão nordestino (Cf. CASCUDO, Câmara. *Dicionário do folclore brasileiro*. 2 vols. Brasília: Instituto Nacional do Livro; Ministério da Educação e Cultura, 1972, v. 1, p. 228). Graciliano menciona tal obra no capítulo XII de *Caetés* (1933), em *Angústia*, em *A terra dos meninos pelados* (1937) e em *Infância* (1945).
5. Composto por Jerônimo Cortez, é um almanaque ilustrado com xilogravuras, publicado em Valência em 1594 e reeditado diversas vezes. "Foi o livro mais lido nos sertões do Nordeste [...]. Registra um pouco de tudo, incluindo astrologia, receitas médicas, calendários, vidas de santos, biografia de papas, conhecimentos agrícolas, ensinos gerais, processo para construir um relógio de sol, conhecer a hora pela posição das estrelas, conselhos de veterinária" (CASCUDO, Câmara. *Dicionário do folclore brasileiro*. 2 vols. Brasília: Instituto Nacional do Livro; Ministério da Educação e Cultura, 1972, v. 2, p. 506).

Lampião[1]

Lampião nasceu há muitos anos, em todos os estados do[2] Nordeste. Não falo, está claro, no indivíduo Lampião, que não poderia nascer em muitos lugares e é pouco interessante. Pela descrição publicada vemos perfeitamente que o salteador cafuzo é um herói de arribação bastante chinfrim. Zarolho, corcunda, chamboqueiro, dá impressão má.

Refiro-me ao lampionismo, e nas linhas que se seguem é conveniente que o leitor não veja alusões a um homem só.

Lampião nasceu, pois, há muitos anos, mas está moço e de boa saúde. Não é verdade que seja doente dos olhos: tem, pelo contrário, excelente vista.

É analfabeto. Não foi, porém, a ignorância que o levou a abraçar a profissão que exerce.

No começo da vida sofreu numerosas injustiças e suportou muito empurrão. Arrastou a enxada, de sol a sol, ganhando dez tostões por dia, e o inspetor de quarteirão, quando se aborrecia dele, amarrava-o e entregava-o a uma tropa de cachimbos, que o conduzia para a cadeia da vila. Aí ele aguentava uma surra de vergalho de boi e dormia com o pé no tronco.

As injustiças e os maus-tratos foram grandes, mas não desencaminharam Lampião. Ele é resignado, sabe que a vontade do coronel tem força de lei e pensa que apanhar do governo não é desfeita.[3]

O que transformou Lampião em besta-fera foi a necessidade de viver. Enquanto possuía um bocado de farinha e rapadura, trabalhou. Mas quando viu o alastrado morrer e em redor dos bebedouros secos o gado mastigando ossos, quando já não havia no mato raiz de imbu ou caroço de mucunã, pôs o chapéu de couro, o patuá com orações da cabra preta, tomou o rifle e ganhou a capoeira. Lá está como bicho montado.

Conhecidos dele, velhos, subiram para o Acre; outros, mais moços, desceram para São Paulo. Ele não: foi ao Juazeiro, confessou-se ao padre Cícero, pediu a bênção a Nossa Senhora e entrou a matar e roubar. É natural que procure o soldado que lhe pisava o pé, na feira, o delegado que lhe dava pancada, o promotor que o denunciou, o proprietário que lhe deixava a família em jejum.

Às vezes utiliza outras vítimas. Isto se dá porque precisa conservar sempre vivo o sentimento de terror que inspira e que é a mais eficaz das suas armas.

Queima as fazendas. E ama, apressado, um bando de mulheres. Horrível. Mas certas violências, que indignam criaturas civilizadas, não impressionam quem vive perto da natureza. Algumas amantes de Lampião se envergonham, realmente, e finam-se de cabeça baixa; outras, porém, ficam até satisfeitas com a preferência e com os anéis de miçanga que recebem.

Lampião é cruel. Naturalmente. Se ele não se poupa, como pouparia os inimigos que lhe caem entre as garras? Marchas infinitas, sem destino, fome, sede, sono curto nas brenhas, longe dos companheiros, porque a traição vigia... E de vez em quando a necessidade de sapecar um amigo que deita o pé adiante da mão...

Não podemos razoavelmente esperar que ele proceda como os que têm ordenado, os que depositam dinheiro no banco, os que escrevem em jornais e os que fazem discursos. Quando a polícia o apanhar, ele estará metido numa toca, ferido, comendo uma cascavel ainda viva.

Como somos diferentes dele! Perdemos a coragem e perdemos a confiança que tínhamos em nós. Trememos diante dos professores, diante dos chefes e diante dos jornais; e se professores, chefes e jornais adoecem do fígado, não dormimos. Marcamos passo e depois ficamos em posição de sentido. Sabemos regularmente: temos o francês para os romances, umas palavras inglesas para o cinema, outras coisas emprestadas.

Apesar de tudo, muitas vezes sentimos vergonha da nossa decadência. Efetivamente valemos pouco.

O que nos consola é a ideia de que no interior existem bandidos como Lampião. Quando descobrirmos o Brasil, eles serão aproveitados.

E já agora nos trazem, em momentos de otimismo, a esperança de que não nos conservaremos sempre inúteis.

Afinal, somos da mesma raça. Ou das mesmas raças.

É possível, pois, que haja em nós, escondidos, alguns vestígios da energia de Lampião. Talvez a energia esteja apenas adormecida, abafada pela verminose e pelos adjetivos idiotas que nos ensinaram na escola.

Notas

1. RAMOS, Graciliano. "Lampião". Revista *Novidade*. Maceió, n. 3, p. 3, 25 abr. 1931.
   Consta de *Viventes das Alagoas*.
2. Em *Viventes das Alagoas*: "no Nordeste".
3. No discurso que construiu sobre si nas duas entrevistas que concedeu (*O Ceará*, Fortaleza, 17 e 18 de março de 1926), o personagem histórico Lampião faz referência constante à necessidade de se vingar dos assassinos de seu pai como a motivação primeira de sua entrada no cangaço. Contudo, não chegou a dar cabo de José Saturnino e de José Lucena, supostos responsáveis pela morte de seu pai e, consequentemente, por seu ingresso na vida de crimes (GRUNSPAN-JASMIN, Élise. *Lampião, senhor do sertão: vidas e mortes de um cangaceiro.* cit., p. 86). Frederico Pernambucano de Mello destaca que o imperativo da vingança funcionava como "escudo ético" que permitia ao cangaceiro justificar e continuar sua vida de bandoleiro (Ver: MELLO, Frederico Pernambucano de. *Guerreiros do sol: violência e banditismo no Nordeste do Brasil.* cit.).

Lampião entrevistado por *Novidade*[1]

Como o célebre cangaceiro, o herói legendário do sertão nordestino, encara certas coisas brasileiras: os direitos de propriedade, o progresso, a justiça, a família, o sertão, os coronéis, o cangaceirismo e a sua própria vida

Lampião é hoje uma das criaturas mais interessantes do Nordeste. Não apenas do Nordeste: do Brasil todo. Vagamente conhecido há dez anos em alguns municípios sertanejos, pouco a pouco foi adquirindo um prestígio terrível e tornou-se famoso e temido em vários estados. Cresceu extraordinariamente, entrou no folclore, na poesia e no romance. É um nome nacional. Ultimamente, com a projetada aventura do capitão Chevalier,[2] o célebre cafuzo está na ordem do dia. — Com o intuito de bem servir aos seus bons fregueses e amigos, como se diz na gíria de negociantes, *Novidade* imaginou entrevistar Lampião. Para isso pediu o concurso de alguns oficiais de polícia, mas todos eles, por modéstia, recusaram a incumbência, alegando que não são repórteres. — Na impossibilidade de obtermos um encontro com o notável salteador, recorremos a um truque: um dos nossos redatores, antigo sócio de centros esotéricos, deitou-se, acendeu um cigarro, fechou os olhos e conseguiu, por via telepática, a seguinte entrevista.[3]

Lampião recebeu-nos com o punhal na mão direita e o rifle na esquerda. Vestia roupa de mescla, calçava alpercatas, trazia cartucheira, chapéu de couro enfeitado, camisa aberta, rosário, retrato do padre Cícero na lapela. Ofereceu-nos uma pedra para descansar, sentou-se numa raiz de baraúna e perguntou:

— Que anda fazendo por esta zona?

— Aqui marombando, capitão, assuntando, tomando a maçaranduba do tempo. Eu sou representante de *Novidade*.

— Novidade? Pois eu não quero saber de novidades. Aqui ninguém conta novidades. Foi por causa das novidades que o Sabino[4] levou o diabo. E não gosto de gente que assunta. O senhor é macaco ou bombeiro?

Sentimos um baque no peito.

— Deixe disso, capitão, não se afobe. *Novidade* é um jornal.

— Um jornal?

— Sim, senhor, um papel com letras para embromar os trouxas. Mas o nosso é um jornal sério, um jornal de bandidos. É por isso que estou aqui. Um jornal sisudo. Temos colaboradores entre as principais figuras do cangaço alagoano, temos correspondentes...[5]

Lampião mostrou a dentuça e grunhiu:

— Uhn! Anda procurando um chefe.

— Ah! não! protestamos. Já temos. O lampionismo em literatura[6] é diferente do seu. O que eu quero é entrevistá-lo, entende?

— Que quer dizer isso?

— É uma tapeação. O senhor larga umas lorotas, eu escrevo outras e no fim dá certo.[7] É sempre assim. Às vezes, como agora, nem é preciso que a gente se encontre.

— Por quê?

— Por quê? Porque se eu fosse escrever o que o senhor diz, não escrevia nada.

Lampião matutou, balançou a cabeça e concordou.

— Bom. Vamos começar. Pegue no lápis.

E começamos:

— Quais são as suas ideias a respeito da propriedade?

O amável facínora tirou da patrona um pedaço de fumo e entrou a picá-lo com o punhal.

— Eu, para falar com franqueza, acho que essa história de propriedade é besteira. Na era dos caboclos brabos, como o senhor deve saber, coisa que um sujeito agadanhava era dele. Depois vieram os padres e atrapalharam tudo, distribuindo terra para um, espelho para outro, volta de conta para outro... Fechou-se o tempo e houve um fuzuê da peste, que está nos livros. Mas meu padrinho padre Cícero não vai nisso. E eu também não vou. Isso por aqui é nosso: gado, cachaça, mulher, tudo. É de quem passar a mão, entende?

— Perfeitamente. E que me diz do progresso?

— De quê?

— Do progresso, da civilização. Roupas bonitas, sapatos, frascos de cheiro, conhaque, doutores, vitrolas...

Lampião fez um cigarro de palha de milho, tirou o binga, bateu o fuzil e pôs-se a fumar. Depois falou:

— Sapatos, como o senhor vê, não uso, mas o conhaque eu bebo. E gosto das vitrolas, são engraçadas. Quanto aos doutores, até hoje não me fizeram mal. Estudam nos papéis e falam muito. Creio que são uns inocentes. Enfim, não tenho queixa da civilização.[8]

— Como considera a justiça?

— Aqui no sertão, quando um camarada tem raiva de outro, toca fogo nele. E vai um filho do defunto, agarra um mosquetão e uma rapadura, esconde-se por detrás dum pau, dorme na pontaria, espera quinze dias e queima o sobredito. É a justiça mais usada e não falha. Temos também a dos autos, demorada, mas que não é má, porque os promotores se enrascam sempre e os jurados são bons rapazes.

— Sua opinião sobre a família?

— De quem?

— De todo o mundo. A família em geral. A mulher, os meninos, a rede, o baú, o rancho, o papagaio, o saguim, a trempe, as panelas, isso tudo.

Lampião coçou o queixo e resmungou:

— Para dizer a verdade, nunca pensei nisso. E o senhor é danado de fuxiqueiro. Mulher, meninos... Eu sei lá! Quando um sujeito é miúdo, nunca deve dizer que os filhos que tem em casa são dele. E quanto a mulher, hoje a gente pega uma, larga amanhã, arranja outra, casa aqui, descasa acolá, e assim vamos indo. Isso de mulher é bichinho que não falta. E se um homem fosse se lembrar de todas com quem fez vida, estava arrumado.

— A sua vida assim agitada lhe dá grandes lucros, capitão?

— Lucros, lucros, não são lá grande coisa. Nem roubo hoje dá lucro. Não se tem mesmo o que roubar. Isso de dinheiro aqui, homem, uma bobagenzinha de nada. Nesse tempo parece o povo até nem aprecia ter dinheiro pra gastar tanto quanto se gasta com a vida de hoje.[9] Agora o que eu não faço, nem pelo diabo, é deixar minha vida de agora pra ir trabalhar na enxada, que eu não sou...

Lampião estacou, passou o lenço pelo pescoço.

— Que calor danado!

E nós, aproveitando a deixa:

— E com todo esse calor, o senhor gosta mesmo do sertão?

— Gostar, eu gosto, moço. Isso de calor é coisa com que a gente se acostuma depressa. Um coronel noutro dia me disse que o povo da cidade acha isso ruim, porque é deserto e quente por demais. Cidadãos que nunca viram o sertão falam dele como se tivessem vivido nele uma porção de tempo.[10] É isso que estraga essa terra, não é outra coisa não.

— E relativamente aos coronéis, que pensa o senhor?

— Homem, eles até não são ruins. Há realmente alguns metidos a bestas, mas também existem pessoas direitas. Tenho boas relações com um bando deles.[11]

Estava finda a nossa missão. Despedimo-nos.

— Muito obrigado, capitão Virgulino. E adeus. Desejo-lhe muitas felicidades nos seus negócios.

Notas

1. RAMOS, Graciliano [?]. "Lampião entrevistado por *Novidade*". *Novidade*. Maceió: Livraria Vilas-Boas, n. 6, p. 7, 16 maio 1931.
   As duas entrevistas concedidas por Lampião à imprensa de que se tem notícia foram feitas por Otacílio Macedo e publicadas em 17 e 18 de março de 1926, em *O Ceará*, quando da entrada triunfal do cangaceiro em Juazeiro para encontrar o padre Cícero. "O jornalista relata que aquele perigoso bandido, cuja fama se estendera por todo o Brasil, mostrara-se subitamente afável, dizendo que, apesar de os jornalistas estarem habituados a mentir, ele estava à sua disposição" (GRUNSPAN-JASMIN, Élise. *Lampião, senhor do sertão: vidas e mortes de um cangaceiro*. cit., pp. 108-9). Data também desse momento o primeiro registro fotográfico de Lampião (feito por Lauro Cabral). As palavras e as fotos do bandoleiro todo paramentado repercutiram em jornais e revistas de todo o país. Trechos da entrevista estão em: SOARES, Mariana Cysneiros Cavalcanti. *Lampião: a marca que vende o Nordeste*. Recife: Ed. do Autor, 2007, pp. 86-97.
2. Carlos Chevalier: oficial do Exército que intentou utilizar armas, sistemas de rádio em comunicação com muitos policiais e até aviões, para capturar Lampião.
3. O deboche em relação a qualquer ciência ou doutrina baseada em fenômenos sobrenaturais já aparece em 1929, no primeiro relatório enviado pelo então prefeito de Palmeira dos Índios, Graciliano Ramos, ao governador das Alagoas, Álvaro Paes: "Em janeiro do ano passado, não achei no município nada que se parecesse com lei, fora as que havia na tradição oral, anacrônicas, do tempo das candeias de azeite. / Constava a existência de um código municipal, coisa intangível e obscura. Procurei, rebusquei, esquadrinhei, estive quase a recorrer ao *espiritismo*, convenci-me de que o código era uma espécie de lobisomem" (RAMOS, Graciliano. *Viventes das Alagoas*. 19. ed. Rio de Janeiro: Record, 2007, p. 202). Em sua produção cronística posterior, observa-se procedimento análogo. Em "Norte e

Sul" e "O fator econômico no romance brasileiro" (ambos recolhidos em *Linhas tortas*), por exemplo, ele utiliza o conceito de "espiritismo literário" para fazer referência a escritores que criaram romances introspectivos sem a necessária observação da base material, dos problemas nacionais, sobretudo os do interior do país.

4. Trata-se de Sabino Gomes, homem de confiança de Lampião, que, no bando, ocupava o posto de lugar-tenente. Foi morto em março de 1928, como resultado da investida da volante de Arlindo Rocha, na fazenda de Antônio Piçarra, no Cariri cearense (TORRES FILHO, Geraldo Ferraz de Sá. *Pernambuco no tempo do Cangaço*. Recife: CEHM-FIDEM, 2003, p. 349).
5. *Novidade*, que circulou por pouco mais de seis meses, de abril até setembro de 1931, colocava-se como porta-voz de uma nova geração de artistas nordestinos. Congregava nomes de importância local que logo depois viriam a ser conhecidos nacionalmente, tais como: Jorge de Lima, José Lins do Rego, Théo Brandão, Diégues Júnior, Alberto Passos Guimarães, Valdemar Cavalcanti, Aurélio Buarque de Holanda, Santa Rosa, entre outros. Além disso, estampou contribuições enviadas de outros estados: poemas de Murilo Mendes, de Mauro Mota, de Willy Lewin, um poema e uma crônica de Álvaro Lins. Raul Lima escrevia a correspondência de Recife.
6. Há também uma referência ao "lampionismo em literatura" na crônica "Lampião", recolhida no presente volume. Neste texto, a suposta bravura e a ousadia do cangaceiro servem de argumento para que o cronista critique, indiretamente, tanto o aparente descaso em relação ao sertão miserável como uma literatura "civilizada" e oficial, marcada pela adoção de estrangeirismos e pelo uso de "adjetivos idiotas".
7. A desconfiança em relação à palavra escrita, sobretudo no que diz respeito ao noticiário jornalístico, é recorrente na prosa de Graciliano. Tome-se o seguinte trecho de *Angústia*: "Os anúncios não valem nada, papel aguenta tudo, como dizem os matutos" (RAMOS, Graciliano. *Angústia*. 67. ed., Rio de Janeiro: Record, 2012, p. 211); e em "A vila", de *Infância*, conhece-se a desconfiança do pai

de Graciliano em relação aos livros, pois "papel aguenta muita lorota" (Id. *Infância*. 47. ed. Rio de Janeiro: Record, 2012, p. 55).

8. A referência desabonadora a tais "sujeitos sabidos", sobretudo àqueles que habitavam o interior do país, é marcante na prosa de Graciliano. Destaque para a crônica "Doutores", recolhida em *Garranchos*, na qual apresenta o protótipo do doutor como sujeito falante, portador de muita arrogância e que se vale de frases em latim e em francês para impressionar os tabaréus.
9. Tal atitude debochada diante da penúria sertaneja está presente também em "Desordens", crônica incluída no presente volume. Atente-se ainda para o texto "Um desastre", no qual Graciliano retoma o seguinte diálogo entre dois alagoanos, inventado por Pedro Motta Lima e semelhante à conhecida anedota que inclui Otto Maria Carpeaux: "— Seu compadre, se esta miséria continuar, nós acabamos pedindo esmola. — A quem?" (RAMOS, Graciliano. *Viventes das Alagoas*. cit., p. 176).
10. A preceptiva poética de que é preciso conhecer o sertão para se falar dele com propriedade constitui uma tópica do discurso crítico de Graciliano. Em "O romance do Nordeste", afirma: "Hoje desapareceram os processos de pura composição literária. Em todos os livros do Nordeste, nota-se que os autores tiveram o cuidado de tornar a narrativa não absolutamente verdadeira, mas verossímil. Ninguém se afasta do ambiente, ninguém confia demasiado na imaginação (...). O sr. Lins do Rego criou-se na bagaceira de um engenho, e julgo que nem sabe que é bacharel. Conservou-se garoto de bagaceira, o que não lhe teria acontecido se morasse no Rio, frequentando teatros e metendo artigos nos jornais. Aqui está bem. Quando o cheiro das tachas vai esmorecendo, dá um salto a uma engenhoca, escuta Zé Guedes, seu Lula, a velha Sinhazinha" (RAMOS, Graciliano. *Garranchos*. cit., pp. 139-40). Cabe ver ainda, uma vez mais, os textos "Norte e Sul" e "O fator econômico no romance brasileiro", ambos em *Linhas tortas*, nos quais louva o trabalho dos ditos "realistas" nordestinos (sobretudo José Lins do Rego, Jorge Amado e Rachel de Queiroz), artistas originários do Nordeste e

interessados na representação das mazelas existentes no interior dessa região sofrida.

11. A proximidade entre cangaceiros e coronéis, questão relevante para se compreender o banditismo, está figurada na crônica "D. Maria", que também integra este livro. Em *Angústia*, Luís da Silva destaca que certas figuras do cangaço contavam com a proteção de seu avô Trajano Pereira de Aquino Cavalcante e Silva e prestavam-lhe reverência: "E os cangaceiros, vendo-o, varriam o chão com a aba do chapéu de couro" (RAMOS, Graciliano. *Angústia*. cit., p. 124).

Comandante dos burros[1]

Quando Lampião esteve no município de Palmeira dos Índios, onde se demorou alguns dias mandando bilhetes para a cidade e sem poder entrar nela, trazia mais de cem homens que não se escondiam na capoeira nem transitavam em veredas. Corriam pela estrada real, muito[2] bem montados, espalhafatosos, pimpões, chapéus de couro enfeitados de argolas e moedas, cartucheiras enormes, alpercatas que eram uma complicação de correias, ilhós e fivelas, rifles em bandoleira, lixados, azeitados, alumiando.

O major José Lucena[3], chefe do destacamento que perseguia bandidos, notando a pequena eficiência da sua tropa de peões, entendeu-se com os proprietários sertanejos, que lhe ofereceram cavalos e burros para o restabelecimento da ordem. Houve algumas escaramuças e Lampião deixou Alagoas, tomou rumo para o Rio Grande do Norte, entrou em Mossoró, onde Jararaca[4] morreu e a cabroeira se espalhou.

Os burros se tornaram inúteis.

O major Lucena separou-os em dois lotes, mandou um deles para um engenho de Viçosa, o outro[5] para uma povoação de Palmeira dos Índios.

Nesse tempo o sr. Álvaro Paes[6], que projetou e iniciou trabalhos excelentes de organização municipal, viajava todas as semanas pelo interior do estado. Foi um viajante incansável e chegou a conhecer perfeitamente as árvores e os homens do sertão. Um dia parou num povoado, com o intuito de ensinar aos matutos a cultura da pinha, da mamona e de outros vegetais que se desenvolviam bastante na imprensa da época. Estava tratando de convencer o maioral da localidade quando se aproximou dele um soldado com duas fitas, um botão fora da casa, chapéu embicado, faca de ponta à cinta. Continência e apresentação:

— Pronto, seu governador, cabo Fulano, comandante dos burros do major Lucena.

Era o encarregado de tomar conta dos animais que tinham servido para afugentar Lampião.

Esta história podia findar aqui, mas não serão talvez excessivas algumas palavras sobre a classe a que pertencia esse extraordinário comandante. Horrível. Sujeitos insolentes, provocadores, preguiçosos.

A parte mais forte da nossa população rural está com Lampião — os indivíduos que dormem montados a cavalo, os que suportam as secas alimentados com raiz de imbu e caroços de mucunã, os que não trabalham porque não têm onde trabalhar, vivem nas brenhas, como bichos, ignorados pela gente do litoral.

Os que têm coração mole[7] encontram-se, quando o verão queima a catinga, numa situação medonha. Três saídas: morrer de fome, assentar praça na polícia, emigrar para o Sul. Antes da morte, da emigração ou da farda, essas criaturas são maltratadas pelas diligências, que não querem saber quem é bom nem quem é ruim: espancam tudo.

O caboclo apanha bordoada sempre: apanha do pai, da mãe, dos tios, dos irmãos mais velhos; apanha do proprietário, que lhe toma a casa e abre a cerca da roça para o gado estragar as plantações; apanha do cangaceiro, que lhe raspa o osso da canela a punhal e lhe deita espeques nas pálpebras para ver a mulher, a filha e a irmã serem poluídas.[8] E se um inimigo vai à rua e o acusa, o delegado manda prendê-lo e ele aguenta uma surra de facão no corpo da guarda, outra de cipó de boi no xadrez, aplicada pelo preso mais antigo, que recebe os quinhentos réis do torno e é o juiz da cadeia.

Suporta esses últimos tormentos resignado, quase com indiferença, porque enfim prisão se fez para homem e apanhar do governo não é desfeita.[9]

Às vezes morre das sovas. Outras vezes atira-se para São Paulo, para o Espírito Santo, para algum lugar onde haja café. Ou espera que a lagarta coma o algodão e as cacimbas se esgotem.

Nesse ponto sente ódio a Deus e aos homens, que o tratam mal. Tem vontade de vingar-se.[10] Pede um cartão ao doutor juiz de direito, vende o cavalo, arranja o malote e marcha para a capital, donde volta alguns meses depois, transformado, calçando perneiras, vestindo uniforme cáqui, falando difícil, terrivelmente besta, desconhecendo os amigos e perguntando o nome das coisas mais vulgares.

Abre as vogais escandalosamente, diz: *Éxercito, sérviço.*[11]

Anda a peneirar-se, todo pachola, com o quepe de banda,[12] a grenha aparecendo por baixo da pala.

Bebe, não trabalha, dorme demais.[13]

À noite mete-se nos botequins dos bairros safados ou derruba as portas das meretrizes.

É mais ou menos casado com uma sujeita que lhe prepara a comida, lava a roupa e possui um baú de folha, um sagui e um papagaio.

Vai aos batuques de ponta de rua, sem ser convidado, e é bem recebido. Muita consideração. Mas quer dançar com todas as damas, e se alguma lhe mostra má cara, faz um barulho feio: apaga-se a luz e a festa acaba em pancadaria.

É vaidoso, cheio de suscetibilidades. Importância imensa. Em horas de aborrecimento sai à calçada do quartel, nu da cintura para cima, e grita:[14]

— Esta terra não tem homem.

Como nenhum homem responde, torna a gritar:

— Apareça um.

Ninguém aparece.

Vai para as encruzilhadas tomar as facas dos matutos. Os matutos que têm facas levam murros porque são desordeiros, os que não têm facas levam murros porque são mofinos.

Levam murros e sentem, como é natural, o desejo de ser soldados; o desejo de cochilar horas e horas, de papo para cima, sem obrigações, sem exercícios, sem a botina quarenta e quatro a apertar-lhes os calos; o desejo de beber vinho branco na feira e pisar os pés dos pobrezinhos que só têm armas fracas: o buranhém e a quicé de picar fumo; o desejo de comer em demasia; o desejo de tomar as mulheres dos outros; o desejo de comprar fiado nas bodegas, sem intenção de pagar.

Um cartão do doutor juiz de direito, do doutor promotor público ou do coronel chefe político tem muito valor.[15]

Entrouxam a roupa e embarcam.

Quando voltarem, dormirão tranquilos, baterão nas prostitutas, beberão cachaça nas toldas, em companhia do inspetor e do subdelegado. E serão, com a ajuda de Deus, alguma coisa grande. Comandante de burros, por exemplo.[16]

Notas

1. RAMOS, Graciliano. "Comandante dos burros". *Jornal de Alagoas*, Maceió, 27 maio 1933; *Jornal de Alagoas*, Maceió, 19 jun. 1977. O texto foi incluído em *Viventes das Alagoas* desde a 15ª ed., de 1992, da Record, com o título "Comandantes de burros". Publicado também na *Revista do Instituto de Estudos Brasileiros*, n. 35 (publicação do IEB-USP. São Paulo, 1993, pp. 207-9), com o título "Comandante de burros".
   Optou-se aqui pela versão do *Jornal de Alagoas*, de 1933, e serão indicadas as variantes, exceto algumas de paragrafação.
2. Em *Viventes das Alagoas*, suprimiu-se o advérbio *muito*.
3. Referência a José Lucena de Albuquerque Maranhão, um dos principais inimigos de Lampião. "Tendo abandonado seus estudos no curso secundário, [Lucena] ingressou em 1912 na Polícia Militar de Alagoas" (BARROS, Francisco Reinaldo Amorim de. *ABC das Alagoas: dicionário biobibliográfico, histórico e geográfico das Alagoas*. 2 vols. Brasília: Senado Federal, Conselho Editorial, 2005, v. 2,

p. 220). Como major, comandou um grupo de volantes que, em 1938, acabou por matar Lampião em Angicos (SE). Esse mesmo oficial da força policial alagoana também teria sido responsável pela morte de José Ferreira, pai do célebre cangaceiro (GRUNSPAN-JASMIN, Élise. *Lampião, senhor do sertão: vidas e mortes de um cangaceiro*. cit., p. 84).

4. José Leite de Santana, o Jararaca, nasceu em 1901 em Buíque, no estado de Pernambuco. Antes de entrar para o cangaço foi soldado do Exército, mas em 1926 largou a farda para vestir a armadura de pano e couro. Preso em 14 de junho do ano seguinte, um dia depois da invasão frustrada de Lampião a Mossoró, foi torturado e enterrado vivo. Hoje é cultuado como "santo cangaceiro". (Cf. o verbete "Jararaca", na *Enciclopédia do Nordeste*. Disponível em <http://www.onordeste.com/ onordeste/enciclopediaNordeste/index.php?titulo=Jararaca<r=J&id_perso=464>. E também: MELLO, Frederico Pernambucano de. *Guerreiros do sol*, cit., pp. 232-3.)
5. Em *Viventes das Alagoas*: "e o outro".
6. Álvaro Correa Paes: Governador das Alagoas de 1928 a 1930, foi deposto pela revolução de 3 de outubro. Em 1930, convidou Graciliano Ramos a assumir o cargo de diretor da Imprensa Oficial alagoana. Nesse mesmo ano, o autor de *Caetés* fez publicar um texto no qual exaltava, sobretudo, a tenacidade do político, convertido em "caixeiro-viajante" no desenvolvimento do interior alagoano (RAMOS, Graciliano. "Álvaro Paes". In: *Linhas tortas*. Rio de Janeiro: Record, 2005, pp. 123-6). Além de político, Paes exerceu a função de jornalista. Logo após deixar o posto de chefe do executivo estadual, escreveu um artigo no qual diagnostica a falta de justiça reinante no interior nordestino como uma das principais causas do banditismo sertanejo (PAES, Álvaro. "O banditismo no Nordeste — Lampião é a expressão violenta de um velho mal brasileiro". *Diário de Notícias*, Rio de Janeiro, 30 dez. 1930, p. 2).
7. Em *Viventes das Alagoas*: "Os que não têm coração mole".
8. Há diferenças de pontuação e vocabular. Em *Viventes das Alagoas*: "O caboclo apanha bordoada sempre: apanha do pai, da mãe, dos tios, dos irmãos mais velhos, apanha do

proprietário que lhe toma a casa e abre a cerca da roça para o gado estragar as plantações, apanha do cangaceiro que lhe raspa o osso da canela a punhal e lhe deita espeques nas pálpebras, para ver a mulher, a filha e a irmã serem possuídas."

9. Frase recorrente de Graciliano sobre o homem sertanejo. Ao longo do presente livro, além de já ter aparecido na crônica "Lampião", figura ainda em "A propósito de seca" e nos capítulos de *Vidas secas* "Cadeia" e "O soldado amarelo".
10. Em *Viventes das Alagoas*: "Nesse ponto tendo ódio a Deus e aos homens que o tratam mal, tem vontade de vingar-se."
11. Cf. RAMOS, Graciliano. "José da Luz", *Infância*: "José da Luz abria muito o *e* de *serviço*, prosódia que depois ouvi confirmada em várias terras. Em geral os militares inferiores arrastam a voz na primeira sílaba de *serviço* quando se referem às ocupações da caserna, que deste modo se distinguem das civis e ordinárias, sem vogal modificada" (ed. cit., p. 103).
12. Em *Viventes das Alagoas*: "quepe à banda".
13. Em *Viventes das Alagoas*: "dorme demais!".
14. Em *Viventes das Alagoas*: "Em horas de aborrecimentos sai à calçada do quartel, nu da cintura pra cima."
15. Em *Viventes das Alagoas*: "Levam murros e sentem, como é natural, o desejo de ser soldados, o desejo de cochilar horas e horas, de papo pra cima, sem obrigações, sem exercícios, sem a botina quarenta e quatro a apertar-lhes os calos, o desejo de beber vinho branco na feira e pisar os pés dos pobrezinhos que só têm armas fracas: o buranhém e a quicé de picar fumo, o desejo de comer massa; o desejo de tomar as mulheres dos outros; o desejo de comprar fiado nas bodegas, sem intenção de pagar.
Um cartão do doutor juiz de direito, do doutor promotor público, do coronel chefe político tem muito valor!"
16. Em *Viventes das Alagoas*: "Quando voltarem dormirão tranquilos, baterão nas prostitutas, beberão cachaça nas toldas, em companhias do inspetor e do subdelegado.
E serão, com a ajuda de Deus, alguma coisa grande. Comandante de burros por exemplo."

A propósito de seca[1]

O estrangeiro que não conhecesse o Brasil e lesse um dos livros que a nossa literatura referente à seca tem produzido, literatura já bem vasta, graças a Deus, imaginaria que aquela parte de[2] terra que vai da serra Ibiapaba a Sergipe é deserta, uma espécie de Saara.

Realmente, os nossos ficcionistas do século passado, seguindo os bons costumes de uma época de exageros, contaram tantos casos esquisitos, semearam no sertão ressequido tantas ossadas, pintaram o sol e o céu com tintas tão vermelhas, que alguns políticos, sinceramente inquietos, pensaram em transferir da região maldita para zonas amenas os restos da gente flagelada. Tiveram esta ideia feliz e depois se lembraram de contar os famintos e transportá-los. Verificou-se então que ali se apertava, em seis estados miúdos, quase um quinto da população do Brasil.

Houve suspiros de alívio, alguma surpresa e uma vaga decepção. Não seria fácil conduzir aquele povo todo, através de lugares hostis, para uma nova Canaã. Não seria fácil, nem seria necessário. Afinal, se os nordestinos, seguindo o preceito bíblico, se tinham multiplicado tanto, então é que não se alimentavam apenas de raiz de imbu, semente de mucunã, couro de mala e carne humana. Pois até a antropofagia serviu para dramatizar a seca, em jornal e em livro. Suprimiu-se a antropofagia, nos caminhos brancos as ossadas diminuíram, os poentes tornaram-se menos vermelhos — e reconheceu-se por fim que o Nordeste, para sustentar população tão numerosa, tinha fatalmente de produzir alguma coisa. Mesmo admitindo que os seus habitantes fossem demasiado econômicos, tanto como as plantas que nascem entre pedras ou bichos que vivem entre espinhos, era preciso supor na terra, para que os homens pudessem propagar-se, a existência de plantas e de bichos. Porque, enfim, ninguém conseguia[3] nutrir-se de literatura, coisa que, em falta de melhor, o Nordeste produziu com abundância.

Mas os horrores das estiagens que tinham originado poesias muito bonitas ainda estavam nos espíritos, a visão de "grandes bois sequiosos mugindo soturnamente"[4] persistia — e acreditava-se que vários milhões de pessoas vivessem em estado de fome permanente, imaginando a fartura que dão os cafezais de São Paulo e a riqueza que se arrancava à borracha do Amazonas, fartura problemática e riqueza hoje impossível. A figura do retirante, celebrado em prosa e verso, inspirou compaixão e algum desprezo, compaixão porque ele era evidentemente infeliz, desprezo por ser um indivíduo inferior, vagabundo e meio selvagem. O sentimentalismo romântico sempre viu as famílias dos emigrantes vagando à toa pelas estradas, rotas, sujas, trocando crianças por punhados de farinha de mandioca.

Certamente há demasiada miséria no sertão, como em toda parte, mas não é indispensável que a chuva falte para que o camponês pobre se desfaça dos filhos inúteis. Não há dúvida de que a seca engrossou as correntes emigratórias que se dirigiram ao norte e ao sul do país, mas a seca é apenas uma das causas da fome, e de qualquer forma os nordestinos, em maior ou menor quantidade, teriam ido cortar seringa no Amazonas ou apanhar café no Espírito Santo ou em São Paulo.

Que é que determina penúria tão grande no Nordeste? Por que a fuga da gente de lá? A verdade é que essas coisas são evidentes em consequência do elevado número de habitantes. Se excluíssemos a seca, ainda nos restaria bastante miséria, e ela avultaria mais que em Mato Grosso, por exemplo, onde, sendo muito espalhada, pode não ser percebida. O êxodo dos flagelados é um modo de falar. Não há êxodo. Mas sai muita gente. Sai gente de toda parte. Numa região, porém, onde se espremem quase 10 milhões de indivíduos mal acomodados, o total dos que emigram deve ser considerável. Do Pará e de Goiás não poderiam sair muitos.

Temos um deserto estranhamente povoado, um deserto com doze habitantes por quilômetro quadrado no Ceará, densidade igual à do Rio Grande do Sul, e quarenta e sete em Alagoas, densidade apenas inferior à do estado do Rio. Essa gente prolífica e tenaz, amontoada numa terra pobre, de agricultura rotineira e indústria atrasada, naturalmente vive mal. De ordinário, as grandes fortunas não existem, e nos meios rurais é um eterno recomeçar.

Reduzida a produção, surgem dezenas de ofícios parasitários, e o nordestino dedica-se a um deles antes de emigrar, torna-se negociante ambulante, trocador de animais, atravessador, salteador, encarrega-se enfim de fazer circular o pouco que existe.

O tipo heroico do cangaceiro do século passado, espécie de Quixote que se rebelava contra a ordem para corrigir injustiças, por questões de honra ou desavença política, é uma figura que vai desaparecendo ou desapareceu completamente. O cangaceiro atual é uma criatura que luta para não morrer de fome. Aquele era um proprietário que, perseguido por vizinhos mais fortes, tomava armas e, com um pequeno grupo de parentes e aliados, resolvia eliminar o delegado, o juiz, todas as autoridades que favoreciam os seus inimigos; este é um sujeito sem melindres, que provavelmente não conserva a lembrança de ofensas recebidas e se alguma vez teve negócio com a polícia, e dormiu no tronco, acha o fato natural, pois "apanhar do governo não é desfeita". O cangaço antigo, em que surgiam rasgos de cavalheirismo, certamente duvidoso, mas afinal aceitos sem dificuldade e propagados pelos trovadores broncos do interior, era um fenômeno de ordem social; o de hoje, bárbaro, monstruoso, é uma consequência da desorganização econômica. O primeiro deu Jesuíno Brilhante,[5] o segundo produziu Lampião.

Essa desorganização não é talvez efeito apenas da[6] seca. Processos rotineiros na agricultura, indústria precária, exploração horrível do trabalhador rural, carência de administração devem ter contribuído, tanto como a seca, para o atraso em que vive a quinta parte da população do Brasil.

Notas

1. RAMOS, Graciliano. "A propósito de seca". *Observador Econômico e Financeiro*. Rio de Janeiro, n. XIII, p. 86, fev. 1937. Consta de *Linhas tortas*.
2. Em *Linhas tortas*: "da terra".
3. Em *Linhas tortas*: "conseguiu".
4. Graciliano Ramos evoca um verso de Guerra Junqueiro (1850-1923), do poema "Fome no Ceará", referente à seca do Nordeste de 1877, em cujas estrofes iniciais se lê: "Lançai o olhar em torno;/ Arde a terra abrasada/ Debaixo da candente abóbada dum forno./ Já não chora sobre ela orvalho a madrugada;/ Secaram-se de todo as lágrimas das fontes;/ E na fulva aridez aspérrima dos montes,/ Entre as cintilações narcóticas da luz,/ As árvores antigas/ Levantam para o ar — atléticas mendigas,/ Fantasmas espectrais, os grandes braços nus.// Na deserta amplidão dos campos luminosos/ *Mugem sinistramente os grandes bois sequiosos.*/ As aves caem já, sem se suster nas asas./ E, exaurindo-lhe a força enorme que ela encerra,/ O Sol aplica à Terra/ Um cáustico de brasas."
   A musa em férias (*idílios e sátiras*). Lisboa: Tip. das Horas Românticas, 1879.
5. Cangaceiro do Rio Grande do Norte que atuou na região Nordeste na década de 1870. Caucasiano e de olhos azuis, era fazendeiro, possuidor de lavoura, gado e escravos. Nos primórdios do cangaço, foi considerado protótipo do bandoleiro romântico. "(...) paladino da moral e dos bons costumes, por seu lado, ao saber que Curió, um valentão negro, estuprava mulheres casadas quando seus maridos não se encontravam em casa, resolveu acabar com o mar-

ginal. Seu ódio teria aumentado quando ficou sabendo que Curió só abusava de mulheres *brancas*. Isso para ele era algo inadmissível. Jesuíno armou uma cilada e assassinou o bandido" (PERICÁS, Luiz Bernardo. *Os cangaceiros: ensaio de interpretação histórica*. São Paulo: Boitempo, 2010, p. 126).

6. Em *Linhas tortas*: "de seca".

Virgulino[1]

Há dias surgiu por aí um telegrama a anunciar que o meu vizinho Virgulino Ferreira Lampião tinha encerrado a sua carreira, gasto pela tuberculose, deitado numa cama, no interior de Sergipe.[2] Mas a notícia não se confirmou — e a polícia do Nordeste continuará a perseguir o bandido, provavelmente o agarrará de surpresa e mostrará nos jornais a cabeça dele separada do corpo. Seria de fato bem triste que a punição dum indivíduo tão nocivo fosse realizada por uma doença. Ficam, pois, sem efeito os ligeiros comentários inoportunos e apressados, que ilustraram o *canard*.[3]

Não é a primeira vez que Lampião tem morrido. E sempre que isto se dá as notas com que se estira o acontecimento deturpam a figura do bruto e manifestam a ingênua certeza de que tudo vai melhorar no sertão. O zarolho se romantiza, enfeita-se com algumas qualidades que se atribuíam aos cangaceiros antigos, torna-se generoso, desmancha injustiças, castiga ou recompensa, enfim aparece inteiramente modificado.

Esperamos e desejamos longos anos essa morte — e ao termos conhecimento dela soltamos um suspiro de alívio a que se junta uma espécie de gratidão. Teria sido melhor, sem dúvida, que o malfeitor houvesse acabado nas unhas da polícia. Não acabou assim, desgraçadamente, mas de qualquer forma o Nordeste se livrou dum pesadelo.

Repousamos algum tempo nesse engano, até que Lampião ressurge e prossegue nas suas façanhas. Inútil agredi-lo ou emprestar-lhe virtudes que ele não entende, adulá-lo, fazê-lo combater os grandes, proteger os pequenos, casar donzelas comprometidas. Lampião não se corrigirá por isso: permanecerá mau de todo, insensível às balas, ao clamor público e aos elogios, uma das raras coisas completas que existem neste país.

Tudo aqui é meio-termo, pouco mais ou menos, somos uma gente de transigências, avanços e recuos. Hoje aqui, amanhã ali — depois de amanhã nem sabemos onde haveremos de ficar, como haveremos de estar. Abastardamo-nos tanto que já nem compreendemos esse patife de caráter e inadvertidamente lhe penduramos na alma sentimentos cavalheirescos que foram utilizados como atributos de outros malfeitores.

Deixemos isso, apresentemos o bandoleiro nordestino como é realmente, uma besta-fera. Há pouco mais de um ano, em condições bem desagradáveis, travei conhecimento com um discípulo dele, um sujeito imensamente forte, alourado, vermelhaço, de olho mau. Esse personagem me declarou que todas as vezes que praticava um homicídio abria a carótida da vítima e bebia um pouco de sangue. Anda por aí espalhada a longa série das barbaridades cometidas pelo terrível salteador, mas essa confissão voluntária dum companheiro dele surpreendeu-me.

Isso prejudica bastante o velho culto do herói, do homem que lisonjeamos para que ele não nos faça mal.

Lampião se conservará ruim. E não morrerá tão cedo. A vida no Nordeste se tornou demasiado áspera, em vão esperaremos o desaparecimento das monstruosidades resumidas nele.

Finaram-se os patriarcas sertanejos que vestiam algodão e couro cru, moravam em casas negras sem reboco, tinham necessidades reduzidas e soletravam mal. No pátio da fazenda uns cangaceiros bonachões preguiçavam. E nos arredores grupos esquivos rondavam, escondendo-se das volantes. De longe em longe um emissário chegava à propriedade e recebia do senhor uma contribuição módica.

Tudo agora mudou. O sertão povoou-se e continua pobre, o trabalho é precário e rudimentar, as secas fazem estragos imensos. Os bandos de criminosos, que no princípio do século se compunham de oito ou dez pessoas, cresceram e multiplicaram-se, já alguns chegaram a ter duzentos homens. A luta se agravou, as relações entre fazendeiros e bandidos não poderiam ser hoje fáceis e amáveis como eram.

Jesuíno Brilhante é uma figura lendária e remota, o próprio Antônio Silvino envelheceu muito.

Resta-nos Lampião, que viverá longos anos e provavelmente vai ficar pior. De quando em quando noticia-se a morte dele com espalhafato. Como se se noticiasse a morte da seca e da miséria. Ingenuidade.

Notas

1. RAMOS, Graciliano. "Virgulino". Manuscrito pertencente ao Instituto de Estudos Brasileiros: Arquivo Graciliano Ramos; Manuscritos; *Viventes das Alagoas*; GR-M-09.30. Tal crônica consta também do livro *Viventes das Alagoas* (1962); foi publicada com o título "Lampião" em *A Tarde*. Rio de Janeiro, 27 jan. 1938. No *Diário de Notícias*, em 1953, saiu igualmente com o título "Lampião" e incluía, na sequência, a crônica "Lampião" da *Novidade*, de 1931, publicada na pág. 27 do presente volume. À parte alguma imprecisão, veja-se como as crônicas de Graciliano foram apresentadas pelo jornal:
   "O *Diário de Notícias*, a partir de hoje, divulga com exclusividade algumas páginas inéditas de Graciliano Ramos. As duas que aparecem agora fazem parte de pequena série escrita para *O Índio*, jornalzinho de Alagoas em que o grande romancista começou, pode dizer-se, sua singular carreira literária. Eram duas crônicas independentes sobre o mesmo assunto da série — o cangaço —, tema atualizado mais do que nunca pelo interesse que despertou em dois dos nossos maiores ficcionistas: Rachel de Queiroz, com sua peça de estreia no teatro; e José Lins do Rego com o seu romance. Como traziam, porém, um título só — 'Lampião' — não nos pareceu arbitrário reuni-las em peça única, apenas dividida em duas partes que guardam, como se verá, a unidade das intenções do cronista.
   Essas crônicas foram escritas entre 1937 e 1938. A segunda traz a data precisa: 27 de janeiro de 1938. Publicaremos a seguir as restantes: 'Dois cangaços', 'Cabeças' e 'O fator econômico no cangaço'."
   Diário de Notícias. Rio de Janeiro, 4 out. 1953, "Letras e Artes", Suplemento Literário, p. 2.
2. Graciliano alude a uma informação difundida pela imprensa carioca, como se pode observar nesta passagem do

Jornal do Brasil: "Virgulino Ferreira, o 'Lampião', tombou vitimado por uma tuberculose pulmonar, em Sergipe (...). E o que é pior é que todos os esforços dos governos desses vários Estados — esforços que se prolongaram através de muitos anos — não conseguiram, nunca, debelar aquela tremenda injúria, que ele representava para o país" ("A MORTE de Lampião". *Jornal do Brasil*, Rio de Janeiro, 12 jan. 1938, p. 5).

3. A palavra francesa *canard*, *pato*, significa também "jornal ruim", "notícia falsa". *Le Canard Enchaîné* [O pato acorrentado] é um jornal semanal francês satírico. Em inglês, *canard* significa "mentira", "notícia exagerada".

Desordens[1]

Os jornais têm andado bastante indiscretos, alarmando o público todos os dias com telegramas de arrepiar. Apreende-se aqui material bélico, ali surge o beato Lourenço[2] em companhia de outros beatos e beatas, matam-se jagunços no São Francisco, e Porto Nacional, em Goiás, pega fogo. Um fim de mundo.

Agora chegam informações desagradáveis de Alagoas, onde os cangaceiros fizeram proezas, afugentando a população de Palmeira dos Índios, segundo as folhas.[3] Alagoas é uma região tranquila, até demasiado tranquila, e Palmeira dos Índios um município que tem produzido cidadãos notáveis por vários modos, mas de notabilidade quase sempre realizada moderadamente, com pouco espalhafato.

No fim da semana passada apareceram lá uns discípulos de Lampião, mataram quatro pessoas em Lagoa da Areia[4], dirigiram-se ao povoado Canafístula, onde amarraram e espancaram diversos indivíduos, todos excelentes criaturas e eleitores até pouco tempo. Existe nessa povoação uma estrada de rodagem, que serviu para os malfeitores se deslocarem com rapidez. Felizmente o prefeito e outros cavalheiros de influência receberam auxílio das cidades vizinhas e, depois da saída dos cangaceiros, foram procurá-los na zona das operações, onde não os encontraram, naturalmente.

Prejuízo considerável: consta que mataram gente, surraram homens pacatos, roubaram dinheiro e joias. Os bandidos, é claro. Com certeza levaram pouco dinheiro e muito poucas joias, que Lagoa da Areia e Canafístula são pobres demais. Talvez até nem tenham achado joia nenhuma e as mencionadas no telegrama figurem nele como enfeite, para dar brilho e importância a esses vagos lugarejos.

Está aí um pormenor insignificante a prejudicar a verossimilhança duma tragédia. Começamos a duvidar da história. É bom duvidarmos. Para que nos vêm contar semelhantes horrores, que estragam os preparativos do Carnaval e não se harmonizam com a índole pacífica do nosso povo?

Estávamos em sossego, quase felizes, lendo as reduzidas notícias da Espanha e da China, que ficam longe, graças a Deus. De repente se descobrem armas e munições aqui perto, surgem beatos e beatas, o interior da Bahia cheira a pólvora, uma cidadezinha de Goiás se transforma em praça de guerra. E até Palmeira dos Índios, lugar de ordem, recebe visitas incômodas e assusta-se em telegramas compridos. É incrível. Afinal não há razão para sangue e barulho. Que deseja essa gente?

Notas

1. RAMOS, Graciliano. "Desordens". Manuscrito pertencente ao Instituto de Estudos Brasileiros: Arquivo Graciliano Ramos; Manuscritos; *Linhas Tortas*; GR-M-08.34. Tal crônica foi publicada em *A Tarde*, Rio de Janeiro, 3 fev. 1938. Consta de *Linhas tortas*.
2. José Lourenço Gomes da Silva, mais conhecido como beato José Lourenço, nasceu em Pilões de Dentro (PB), em 1872, e faleceu em Exu (PE), em 12 de fevereiro de 1946. Notabilizou-se por liderar a comunidade Caldeirão de Santa Cruz do Deserto, localizada na zona rural do Crato (Ceará). Em 1937, tal movimento messiânico foi massacrado por forças oficiais. Para mais informações, ver: CORDEIRO, Domingos Sávio de Almeida. *Um beato líder: narrativas memoráveis do Caldeirão*. Fortaleza: UFCE, 2004.
3. Cf. "Sertão sangrento. Trucidamentos, saques, depredações". *A Noite*, Rio de Janeiro, 31 jan. 1938, p. 1.
4. Município alagoano onde, em janeiro de 1938, um bando de cangaceiros comandados por Jararaca trucidou "o negociante Francisco Pinto, sua mulher e dois filhos", depois de a família ter sido vítima de "toda sorte de depredações" ("Sertão sangrento. Trucidamentos, saques, depredações". *A Noite*, Rio de Janeiro, 31 jan. 1938, p. 1).

Antônio Silvino[1]

O automóvel deixou a cidade, atravessou arrabaldes de pequena importância, rodou aos solavancos numa estrada que margina casas decrépitas, miúdas e descascadas. Moleques de cabelos de fogo, tranquilidade, silêncio, tudo morno e brasileiro. A agitação e o cosmopolitismo ficaram atrás, sumiram-se na poeira; agora parece que as coisas em redor se imobilizaram. O carro que nos transporta avança rápido, inutilmente. Há meia hora tínhamos pressa contagiosa, mas isto desapareceu. Seria melhor subirmos a cavalo essa ladeira empinada e cheia de buracos, onde as rodas se enterram. Com dificuldade, lá nos vamos sacolejando, dobramos um cotovelo, entramos numa rua esquisita, a máquina cansada geme e para.

Desço, bocejando. Para bem dizer, não sinto curiosidade. Cheguei até ali porque tive preguiça de resistir e porque me era agradável a companhia de dois amigos.

Conversando com eles, teria ido a um museu ou a qualquer outro lugar.

O homem que desejam ver gastou anos correndo os sertões do Nordeste, numa horrível existência fecunda em histórias que povoaram a infância, com certeza enfeitadas pela imaginação dos cantadores. Depois uma emboscada e o cárcere provavelmente o desmantelaram.[2] Talvez as marchas, as lutas, a fome, a sede, a fuga constante e as fadigas das travessias não o tenham abalado; mas a boia da cadeia, as grades, a esteira suja na pedra, os mesmos gestos repetidos, as mesmas palavras largadas em horas certas, infinitas misérias e porcarias, inutilizaram o velho herói de encruzilhadas. É quase certo irmos encontrar um indivíduo sombrio e cabisbaixo, embrutecido pela desgraça, indiferente às façanhas antigas, hoje atenuadas, esparsas. Está ali perto um fantasma triste e desmemoriado, mostrando vagos sinais de vida em movimentos de autômato.

Penso assim, olhando o pátio duma habitação coletiva. Alguém foi anunciar a nossa visita. E, enquanto espero, vejo com desgosto à entrada uma enorme criatura que se achata, que se derrama, gorda, paralítica, medonha. Essa figura monstruosa perturba-me, fixa-me a ideia de que ali vive outro ser doente, com deformações invisíveis, piores que as que agora me surgem. Desejo não ser recebido, receio tornar a ver um daqueles rostos, pavorosos, que há tempo me cercavam.

Recebem-nos. Dois minutos de espera. E estamos na presença de Antônio Silvino, um velho que me desnorteia, afugenta a imagem que eu havia criado, tipo convencional, símbolo idiota, caboclo ou mulato que, medido por um dos médicos encarregados de provar que os infelizes são degenerados, servisse bem: testa diminuta, dentes acavalados, cabelo pixaim, olhos parados e sem brilho, enfim um desses pobres-diabos que morrem no eito e não fazem grande falta, aguentam facão de soldado nas feiras das vilas e não se queixam.

Enganei-me, estupidamente. Antônio Silvino é um homem branco. Seria mais razoável que fosse um representante das raças inferiores, que, no Nordeste e em outros lugares, constituem a maioria da classe inferior. Mas é um branco e, se for examinado convenientemente, não dá para bandido. Não dá e não quer ser bandido. Por isso malquistou-se com alguns repórteres desastrados que o ofenderam.

Conosco é amável em demasia. A hospitalidade sertaneja revela-se em apertos de mãos, em abraços, num largo sorriso que lhe mostra dentes claros e sãos. Esse pé de mandacaru, transplantado para um subúrbio remoto do Rio, deita raízes na pedra do morro e esconde cuidadosamente os seus espinhos. Antes de refletir, aperto a garra poderosa. Antigamente, essa aproximação teria sido impossível: fui, como outros, um sujeito muito besta e convencido de não sei que superioridade. Felizmente esqueci isso. Dou razão a Antônio Silvino, que não quer ser bandido, não porque os bandidos sejam muito piores que os outros homens, mas porque a palavra odiosa se tornou um estigma.

Um dos meus companheiros é o escritor José Lins do Rego, que em menino conheceu o sertanejo temível no engenho do coronel José Paulino,[3] hoje famoso por ter figurado em vários romances notáveis.[4] José Lins, em poucas palavras, reata o conhecimento antigo, e Antônio Silvino logo se torna íntimo dele, conta histórias do cangaço, brigas, visitas que fez a outros personagens de romances. Ultimamente, ao sair da prisão, parece que andou nas terras do velho Trombone[5] e, com sisudez e prudência, espalhou conselhos úteis que resolveram certas dificuldades de família.

Conversando, narrando as suas aventuras numa linguagem pitoresca, ri alto, mexe-se, os olhos miúdos atiçam-se, uma bela cor de saúde tinge-lhe o rosto enérgico, vincado pelo sofrimento. Apesar das rugas, tem uma vivacidade de rapaz; um tiro no pulmão e vinte anos de cadeia não demoliram essa organização vigorosa. Os cabelos estão inteiramente brancos, mas a espinha não se curva, a voz não hesita. É o mais robusto dos que se acham na sala acanhada, em torno duma pequena mesa. Lembro-me dos seus antigos subordinados, viventes mesquinhos que ele submetia a uma disciplina rude. Nas visitas ao velho José Paulino, ficavam no alpendre, encolhidos, silenciosos como colegiais tímidos, enquanto lá dentro o chefe conferenciava com o proprietário. Certamente esses pobres seres anônimos, sem menção nas cantigas dos violeiros, desfizeram-se na poesia social, mas o seu comandante está rijo, palestrando com um neto do coronel, não muito diferente do que era há trinta anos. Penso na distância enorme que os separava do patrão.

Antônio Silvino dirigiu-se com altivez, não ombreou com eles. Teve amigos poderosos, combateu longamente inimigos poderosos também. Os oficiais das tropas volantes eram seus adversários, o que teve sorte de feri-lo e vencê-lo foi, segundo ele afirma, um adversário leal. Na catinga imensa, perseguido, queimado pela seca, Antônio Silvino teve sempre os modos dum grande senhor, muitas vezes mostrou-se generoso e caprichou em aparecer como uma espécie de cavaleiro andante, protetor dos pobres e das moças desencaminhadas. Na prisão desviou-se com soberba dos criminosos vulgares e, não obstante ter vivido em Fernando de Noronha, nunca se misturou com eles. A convicção que manteve do próprio valor manifesta-se em todos os seus atos.

Não parece que o regime penitenciário seja bom para endireitar os condenados. Os guardas da correção sabem perfeitamente como é difícil um indivíduo conservar-se ali sem se degradar. De alguma forma a degradação justifica a pena: ordinariamente o que volta do cárcere é um farrapo.

Antônio Silvino isolou-se, achou meio de não se contaminar. Foi um preso muito bem comportado, tanto que lhe permitiram esta coisa estranha: alojar os filhos no cubículo onde vivia. Criou-os, dividiu com eles a ração magra, conseguiu, fabricando botões de punhos, obter os recursos necessários para educá-los. E educou-os de maneira espantosa. Na situação em que se achava seria natural que lhes incutisse ideias de vingança. Nada disso. Ensinou-lhes o respeito à lei, à lei que os afastava do mundo, cultivou neles sentimentos religiosos e patriotismo. Orgulha-se de os ter formado assim, de os ver hoje servidores fiéis do Exército e da Marinha.

O trabalho desse sertanejo deve ter sido enorme, mas a verdade é que ele não se transformou para realizá-lo. Homem de ordem, indispôs-se com outros homens de ordem, fez tropelias no sertão, caiu numa cilada e penou vinte anos para lá das grades. Continuou, porém, a ser o que era, apesar da cadeia: homem de ordem, membro da classe média, com todas as virtudes da classe média.[6]

Notas

1. RAMOS, Graciliano. "Antônio Silvino". *O Jornal*. Rio de Janeiro, Quarta Seção, ano XX, 11 set. 1938; *Jornal de Alagoas*, Maceió, 18 set. 1938. Consta de *Viventes das Alagoas* desde a 15ª ed., de 1992, da Record. Como à versão recolhida em livro falta o parágrafo final do texto, optou-se pela versão do *Jornal de Alagoas*. Agradecemos ao sociólogo Marcos Vasconcelos Filho, diretor do Arquivo Público de Alagoas, a gentileza de nos enviar o artigo.
2. Manoel Batista de Morais, vulgo Antônio Silvino, nasceu no dia 2 de novembro de 1875, em Afogados da Ingazeira, pequena cidade do sertão de Pernambuco. Entrou para o cangaço aos 21, depois do assassinato de seu pai. Durante dezesseis anos, safou-se da polícia, realizou saques e assassinou inimigos, mas era tratado pelos poetas populares como um "herói cavalheiresco" por respeitar as famílias. Em 1914, depois de ferido, foi capturado em Taquaritinga, município pernambucano. Após mais de vinte anos de reclusão, recebeu, em 1937, indulto dado pelo presidente Getúlio Vargas. O ex-rei do cangaço morreu em 30 de julho de 1944, em Campina Grande (PB). Para mais informações sobre tal bandoleiro, ver: BARBOSA, Severino Antônio. *Antônio Silvino, "O Rifle de Ouro": vida, combates, prisão e morte do mais famoso cangaceiro do sertão*. Recife: Companhia Editora de Pernambuco, 1979, e BATISTA, Francisco das Chagas. *Antônio Silvino: vida, crimes e julgamento*. São Paulo: Luzeiro Editora Limitada, 1975.
3. Trata-se do avô do escritor José Lins do Rego. O coronel José Paulino, senhor do engenho de Santa Rosa, figura

como personagem do Ciclo da cana-de-açúcar iniciado pelo escritor paraibano com a publicação de *Menino de engenho* (1932).

4. No que diz respeito à obra de José Lins do Rego, Antônio Silvino aparece como figura marcante nos romances *Pedra bonita* (1938) e *Cangaceiros* (1953), bem como em *Menino de engenho* (1932), *Fogo morto* (1943) e no relato biográfico *Meus verdes anos* (1956).
5. Referência ao senhor de engenho de Massangana (PB) Cazuza Trombone, personagem do romance *Usina* (1936), de José Lins do Rego, livro dedicado a Graciliano Ramos e José Olympio.
6. Este último parágrafo não consta de *Viventes das Alagoas*.

Dois irmãos[1]

No último romance do sr. Lins do Rego[2], encontramos alguns símbolos muito curiosos e muito oportunos neste ano em que do Nordeste nos têm vindo chuvas de notícias sangrentas. Uma vila ignorada nas geografias e talvez imaginária indica a ordem, ordem modorrenta, devota e fuxiqueira, que as tropas volantes às vezes perturbam. A religião definha na figura dum padre, santo velho inútil. Perto, num lugarejo mal-afamado, uma família de vaqueiros resume o descontentamento e a revolta.

Dois irmãos aparecem, os dois irmãos que nos vêm de lendas antigas, caracteres opostos, desejosos de melhorar as coisas, mas não se entendendo sobre os meios que devem utilizar. Nenhum deles sabe direito o que pretende: acumularam longamente desgraças e decepções, sofreram demais, aguentaram injustiças e coices, sentem que a vida se arruinou e é preciso consertá-la. Mas pensam de maneira diferente, imaginam processos de salvação contraditórios — e acontece o que sempre aconteceu, para felicidade dos seus opressores: a dispersão de forças.

Esaú é arrojado, tem o coração ao pé da goela e pouco interior. O que vem de fora não o penetra muito: bate e volta, traduz-se em movimento. E como o que recebe de ordinário é brutalidade, a brutalidade faz ricochete e atinge quem o ofendeu. Atinge também pessoas que não o ofenderam, caso lastimável, mas essa criatura irrefletida segue uma teoria que esteve em moda há pouco tempo, bem extravagante: "Quem não é amigo é inimigo." Até os indiferentes são inimigos. Por isso, quando na feira um soldado lhe planta a reiuna em cima da alpercata, apruma-se e rebenta-lhe o focinho com um murro, se o agressor está desacompanhado; se não está, vai esperá-lo numa volta de caminho, passa duas semanas emboscado, com um saco de farinha e algumas rapaduras, dormindo na pontaria. Mata-o, fura-lhe a carótida com o punhal, depois elimina qualquer indivíduo que, no seu entender, tenha relação, próxima ou remota, com a vítima.

A Bíblia não nos diz, é claro, que Esaú procedia desse modo. Talvez procedesse. Refiro-me, porém, ao Esaú sertanejo, esse tipo que tem ocupado os jornais ultimamente e vai crescendo, crescendo, não obstante anunciarem com barulho a sua morte.

Jacob, homem de sonho, diverge muito do irmão. É doce, resignado, constrói escadas que anjos percorrem, aguarda longos anos a realização de promessas que julga ter recebido. Como as promessas não se efetuam, fica outros anos encolhido, espiando o céu. Depois, para alcançá-las, adota certas práticas eficazes na sua opinião. Infelizmente estamos longe da lenda: esse homem piedoso continua miserável, habitante duma região medonha que certa literatura tem revelado indiscretamente. E porque o seu reino, apesar de tudo, é deste mundo, as cerimônias a que se dedica para obter o milagre são condenadas — e os agentes da ordem acham razoável suprimi-lo.

Realmente essas cerimônias nem sempre foram inofensivas. Há um século tiveram formas bárbaras, reminiscências de hábitos extintos, surgiram até sacrifícios humanos, mas em geral são exercícios pacíficos, macaqueações mais ou menos grosseiras da religião dominante: ladainhas, cantos, sermões incoerentes e palavrosos.

A adoração das árvores reaparece, modificada pelos costumes atuais: dois galhos que formem, com o tronco, uma espécie de cruz bastam para atrair abundância de crentes. Há alguns anos esse *cruzeiro verde*[3] tornou-se epidêmico em várias partes do Nordeste. Voltamos ao templo natural e selvagem da mata, anacronismo estabelecido numa zona de população densa, com estradas de rodagem, linhas férreas e arames do telégrafo.

Certamente isso é uma enorme incongruência, mas não nos devemos admirar. Fervilham neste país terríveis incongruências, vivemos cercados de incongruências.

Há tempo falaram demais por aí em realidade brasileira, e esta frase, que justificou uma revolução, tanto se repetiu que virou lugar-comum: papagueada por numerosos conselheiros, desmoralizou-se completamente.[4] Mas se a revolução política pegou, é que havia também uma revolução nas ideias. Sujeitos bem-intencionados se interessavam pela famosa realidade brasileira e decidiram vê-la de perto. Viram, contaram honestamente o que tinham visto, sem enfeitar molambos, sem esconder feridas, mas também sem fazer xingações ao interventor e ao delegado, que de fato não tinham culpa da seca, por exemplo, e de outros males semelhantes. Realmente o que esses homens curiosos desejavam era apenas exibir fatos, agradáveis ou desagradáveis, e, na medida do possível, sugerir remédios para as doenças ocultas. Com surpresa, notamos que certas doenças eram inconfessáveis.

Quando essas pessoas expuseram o resultado das suas pesquisas, os mais notáveis declamadores da célebre frase que eles haviam tomado a sério indignaram-se e bradaram: "Isso é extremismo." Essa incompreensão, ou má-fé, originou uma série de acontecimentos dolorosos que de nenhum modo recomendam os exaltados pregadores da realidade brasileira, agora transformados em ferozes perseguidores das doutrinas exóticas.

Afinal a gritaria esmoreceu, as denúncias escassearam e as gargantas roucas emitiram notas desafinadas, sem nenhuma repercussão no espírito público. Efetivamente seria difícil considerar exóticos os casos observados no interior do país e narrados singelamente, às vezes de forma desajeitada, por cidadãos amigos da disciplina e que nem conheciam direito essa história do extremismo.

Relatórios, simples relatórios. E é o que não convém. Necessitamos a mudez dos autores de relatórios; necessitamos a eliminação rápida e violenta do cangaço e do fanatismo, objeto de relatórios.

Mas o cangaço e o fanatismo continuam. E estão piores, muito piores, que no tempo de Jesuíno Brilhante e das ingênuas beatas que andavam de povoado em povoado juntando esmolas miúdas para a construção duma igreja impossível.

De longe em longe há um desafogo: chacinam-se algumas dezenas de infelizes acocorados em torno dum apóstolo bronco, prende-se ou mata-se um bandoleiro que se tornou conhecido — e os jornais respiram. Desapareceu o flagelo, sim senhor, desapareceu o flagelo que os amigos da realidade brasileira ignoravam e agora confessam, porque tudo vai bem, graças a Deus. O perigo findou, não é verdade? É. Já não há perigo, foi o que disse o tenente que decapitou os salteadores ou metralhou os vagabundos companheiros dum visionário barbudo, profeta de encruzilhada. O Nordeste vai melhorar, ganhar saúde num instante. É incontestável que em alguns pontos está civilizado, civilizado até demais.

Passam-se uns meses e entram a circular sussurros indiscretos: a ação heroica pouco serviu, não deu cabo de todos os miseráveis que infestam uma porção regular da nossa querida pátria. Sobraram diversos, vieram outros, o negócio complica-se.

Novas caçadas se organizam, funestas operações que de ordinário agravam a balbúrdia, em vez de corrigi-la. O oficial que se especializa nesse gênero de montaria quase nunca tem ocasião de topar os celerados que persegue. Ou porque uma natural prudência o conserva afastado, ou porque os outros se deslocam facilmente no sertão vasto, ou ainda porque a contenda se pode transformar em fonte de renda secreta, a verdade é que encontros duros como esse de Lampião com o tenente de Alagoas não são comuns. Comum é ficarem os comandantes das tropas volantes defendendo as cidades, que em regra não precisam deles; raramente uma é assaltada, e quando isto acontece, os moradores combatem sem o auxílio de soldados.

Como se resignaria a polícia a representar um papel secundário, tão secundário que fatos semelhantes ao de Angico[5] se tornaram exceções? Se ela permanecesse inerte, a malícia dos sertanejos cobri-la-ia de ridículo. Não fica inerte, porém: descontente com a própria insuficiência, procura uma compensação em atos que a justifiquem e anulem a excessiva cautela a princípio revelada.

Se a expedição tem por fim espalhar algumas dúzias de pobres-diabos sujos e famintos ajoelhados no mato, cantando benditos, as precauções tornam-se desnecessárias: duas metralhadoras regularizam tudo em poucos minutos. Se se procuram cangaceiros, é difícil achá-los.

Hospedam-se numa fazenda e passam dias dançando, bebendo, violando as caboclinhas da vizinhança, mandando recados à força do governo, que estaciona indecisa na povoação próxima. A força do governo surge quando o inimigo se distancia: vem tocando corneta e resolvida a castigar culpados de maneira exemplar. Castiga. Castiga os coiteiros, isto é, a gente que deu hospedagem aos malfeitores em vez de brigar com eles.

Realmente esses desgraçados coiteiros estão desarmados e não são numerosos. Também é certo que só o bando de Lampião reuniu perto de duzentos homens e que os coiteiros não vivem em castelos. E, falando com franqueza, é preciso confessarmos que a obrigação de combater os malvados cabe, não aos coiteiros, instituição recente e de funções gratuitas, mas à força do governo. Infelizmente esta não quer saber disso: vai chegando e metendo o pau, arrasando o que os outros deixaram. Tudo é surrado convenientemente e preso ainda por cima.

Não admira, pois, que essas criaturas desesperem e entre elas se recrutem muitos dos elementos que avolumam o cangaço. E aí temos a polícia gerando um mal que pretende extirpar. Está claro que ela é apenas uma das causas desse desgraçado fenômeno. Certamente existem outras mais sérias, mais antigas e mais profundas, como veremos.

Notas

1. RAMOS, Graciliano. "Dois irmãos", *Diretrizes*, ano 1, n. 6, set. 1938, pp. 14, 15, 24.
   Este artigo foi assim apresentado pela revista: "Convidado por *Diretrizes*, o grande autor de *Angústia* e *Vidas secas* inicia neste número um estudo sobre o Nordeste e seus problemas. Estamos certos de que poucos poderão transmitir aos nossos leitores uma rápida visão do que é esse Nordeste longínquo e misterioso com tanta segurança e clareza como Graciliano Ramos."
2. Graciliano se refere ao romance *Pedra Bonita* (Rio de Janeiro: José Olympio, 1938), marcado pelos temas do cangaço e do messianismo. Alguns anos depois, adotará postura mais severa: no ensaio "Decadência do romance brasileiro" destaca que tal obra teria representado mais um decaimento na trajetória de José Lins do Rego: "Em 1937 José Lins do Rego nos deu *Pureza*, que é um salto para baixo. Em 1938, com *Pedra Bonita*, desceu novo degrau. (...) Em *Pedra Bonita* desejou estudar a epidemia religiosa que houve em Pernambuco no século passado, mas teve preguiça e inventou beatos e cangaceiros. Sacrificou até a geografia: pôs a sua gente numa vila do Anum, que não existe" (RAMOS, Graciliano. *Garranchos*. cit., p. 265).

3. Recorde-se a referência ao cruzeiro verde no capítulo XXI de *Caetés* (1933), de Graciliano Ramos: "Caminhamos em silêncio até o lugar onde existiu o cruzeiro verde, um cajueiro com dois galhos em forma de cruz, que a gente dos sítios próximos vinha adorar. Falei da multidão que ali encontrei uma tarde — mendigos, mulheres com filhos pendurados aos peitos, curiosos, espertalhões que se arvoravam em sacerdotes."
4. Tal conceituação apareceria dois anos depois na "Pequena história da República", texto que não chegou a ser enviado pelo autor a um concurso promovido pela revista *Diretrizes*, cujo mote era contar a história da República brasileira às crianças: "Os homens de 1930 não tinham um programa. E justificaram-se. Como poderiam arranjar isso? Importar? Que é que deviam importar? Vivíamos num país onde os lugares se diferençavam muito uns dos outros. O Nordeste era superpovoado, o Amazonas era quase deserto. Tínhamos criaturas civilizadíssimas em Copacabana e selvagens de beiço furado no Mato Grosso. Quem sabia disto lá fora? / Assim, os revolucionários deram uma explicação razoável ao público: tencionavam firmar-se na realidade brasileira" (RAMOS, Graciliano. *Alexandre e outros heróis*. 56. ed. Rio de Janeiro: Record, 2012, p. 188).
5. Referência à grota de Angico (SE), último refúgio de Lampião, onde o cangaceiro foi morto e decapitado pela força volante do tenente Bezerra (GRUNSPAN-JASMIN, Élise. *Lampião, senhor do sertão: vidas e mortes de um cangaceiro*. cit., p. 157).

Dois cangaços[1]

Afirmando há dias[2] que as violências praticadas pelas forças volantes contra matutos indefesos levam ao cangaço muitos deles, avancei que as perseguições e as injustiças eram apenas uma das causas do mal, talvez a mais fraca. Realmente, injustiças e perseguições há em toda parte, sem que os ofendidos se resolvam a organizar bandos como os que infestam o Nordeste.

Terão as pessoas dos outros lugares menos vigor que os sertanejos? Pouco provável. Se não realizam essas ações que arrepiam os leitores dos telegramas, é que podem manifestar o seu descontentamento de maneiras diversas, e as monstruosidades são desnecessárias. É possível até que não precisem manifestar descontentamento, caso alguma vantagem neutralize as perseguições e as injustiças: colheita regular, salário mediano, a certeza enfim de poder existir, embora mal. Isso no interior do Nordeste é impossível.[3]

Com a devastação das matas, o deserto cresce; os rios correm durante alguns meses, quando chegam as trovoadas; a célebre fecundidade da terra é uma frase feita, dessas que embalaram, e ainda embalam, o otimismo nacional, teimoso e cego. Na verdade a terra, excetuando-se a faixa do litoral, é bem ruim, alimenta mal a gente numerosa que lá se aperta.

Só o estado de Alagoas, pobre e pequeno, com orçamento de uma dúzia de mil contos, tem mais de um milhão de habitantes, o que lhe dá quase cinquenta indivíduos por quilômetro quadrado. Se no resto do país existisse igual densidade, teríamos no Brasil uma população como a da China.

Nesse meio exausto e repleto o cangaço é hoje muito diferente do que era no fim do século passado ou já no princípio deste século.

Comparem-se os minguados grupos dos bandoleiros antigos às grandes massas que se têm posto em armas ultimamente em certas regiões flageladas.

Casimiro Honório combatia só, os dois irmãos Moraes não tinham companheiros, Jesuíno Brilhante dispunha duma dezena de homens — e os bandidos que atacaram Mossoró, no Rio Grande do Norte, em 1926, eram cerca de duzentos.[4]

Entre aqueles e estes notaremos uma diferença de qualidade. Casimiro Honório, pessoa de consideração, proprietário, tinha imenso orgulho; os dois Moraes eram filhos do padre Moraes, de Palmeira dos Índios; Jesuíno Brilhante ligava-se[5] a uma boa família cearense, donde saiu o capitão José Leite Brasil,[6] que se encrencou em 1935 por causa dessa história de revolução.

Os cangaceiros atuais são de ordinário criaturas vindas de baixo, rebotalho social. Os métodos antigos divergiam dos presentemente adotados. Em geral os malfeitores ocultavam as suas truculências ou apresentavam-nas como fatos necessários e justos: enfeitados, romantizados pela imaginação popular, dedicavam-se a obras de reivindicação e de vingança, eram uns heróis, quase uns apóstolos, na opinião dos matutos. Distribuíam punhados de moedas roubadas, queimavam regularmente as cercas e[7] assolavam as fazendas dos amigos do governo, coisas agradáveis à gente miúda, cobiçosa por necessidade e naturalmente oposicionista.

Antônio Silvino atribuía-se uma autoridade especial em negócios de família, exercia uma curiosa magistratura: prodigalizava conselhos, endireitava relações abaladas, forjava casamentos difíceis e com o dinheiro dos negociantes das vilas postas a saque arranjava dotes para as raparigas pobres avariadas.

Tudo isso mudou,[8] talvez por serem agora os fatos, numerosos e próximos, observados fora daquela penumbra que favorecia as deformações e os exageros.

Antônio Germano e Amaro Mimbura raspavam com faca de ponta as canelas das suas vítimas e assim obtinham a chave do baú ou do cofre; davam nos pacientes um banho de querosene e riscavam um fósforo na roupa molhada. A primeira parte desse programa foi realizada em vários municípios de Alagoas, nas pessoas de alguns senhores de engenho avarentos; a segunda, a do querosene, experimentou-a Olímpio Coelho do Amaral Nogueira, pequeno proprietário queimado vivo em Bom Conselho, Pernambuco.

Lampião era religioso, não por temperamento: por hábito e por influência do padre Cícero do Juazeiro. E, religioso, entrando numa igreja, de povoação conquistada, tirava uma nota de 500 mil-réis da capanga e introduzia-a na rachadura da caixa das almas, a punhal.

Isso não o impedia de violar mulheres na presença dos maridos amarrados.

Lampião era um monstro, tornou-se um monstro, símbolo de todas as monstruosidades possíveis.

Resta, porém, saber se os outros, os antigos, não praticavam ações como as dele e se não havia qualquer interesse em escondê-las. Talvez houvesse. Casimiro Honório, os Moraes, Jesuíno Brilhante e Antônio Silvino tinham alguma coisa que perder, terra ou fazenda, pelo menos um nome, valor tradicional. Não podiam mostrar-se de repente demolidores de instituições respeitadas: precisavam mantê-las, apesar de réprobos, eram de alguma forma elementos de ordem, amigos da propriedade, de todos os atributos da propriedade. O que eles combatiam era, não a propriedade em si, mas a propriedade dos seus inimigos. Daí talvez surgirem conservadores, poetizados e aumentados na literatura bronca do Nordeste.[9]

Os bandoleiros de hoje[10] nasceram num mundo seco e populoso, no meio duma devastação. Nada podem perder, nada os liga ao passado e provavelmente não deixarão descendência: sumir-se-ão numa volta de caminho, sob uma chuva de balas, serão decapitados, mutilados.

Em falta de bens,[11] arriscam as suas vidas inúteis. E se essas vidas são inúteis, que podem eles poupar fora delas?

O proprietário ameaçado pela polícia, foragido, embrenhado, sentia apoio onde andava, amparavam-no amigos seguros, companheiros de classe receosos de perder o prestígio e chegar à situação deles. Não lhes faltavam os intermediários necessários na compra de víveres, armas e munições, os avisos que os livravam das ciladas.

O cangaceiro de hoje, infinitamente distante do coronel, não conta com ele, nenhuma razão tem para confiar nele. E se o utiliza algumas vezes, é porque o aterroriza, ameaça o que ele mais preza. Não se contenta com incêndios e matança de gado: invade a casa do fazendeiro, rouba-lhe a mulher e as filhas, leva-as para a capoeira e entrega-as meses depois, estragadas, mediante resgate.

É verdade que também estraga moças da camada baixa, mas essas não se aviltam por isso: recebem com satisfação frascos de perfume, cordões de ouro, cortes de seda — e casam-se naturalmente, como se nenhum dano tivessem sofrido.

As moças brancas é que ficam irreparavelmente prejudicadas, inutilizam-se[12] para sempre.

O cangaceiro tipo Lampião aniquila o inimigo: devasta-lhe os bens e, se não o mata, faz coisa pior — castra-o. Às vezes castra-o literalmente, o que é horrível; e se lhe desonra as filhas, castra-o de maneira pior:[13] mata-lhe a descendência, pois nenhum sertanejo de família vai ligar-se[14] a uma pessoa ultrajada.

Não afirmo que o bandido proceda assim conscientemente. A verdade, porém, é que ele molesta, não apenas o adversário, mas o meio social em que este vive, as instituições que o amparam.

Salva-se a religião, uns restos da religião, patente no ato de meter cédulas no cofre das almas, a ponta de punhal. O resto desapareceu. E a família, essa coisa sagrada, é o que mais se ataca.

Concluo daí que o cangaço no Nordeste se apresenta sob dois aspectos, ou antes que podemos observar lá dois cangaços: um de origem social, outro, mais sério, criado por dificuldades econômicas.

Por isso afirmei que as perseguições e as injustiças apenas contribuíam para o mal-estar[15] geral. Determinaram o aparecimento de homens como Casimiro Honório, Jesuíno Brilhante, Moraes[16] e Antônio Silvino.

Alguns desses realizaram sozinhos as suas façanhas, outros necessitaram instrumentos para defender-se e foram buscá-los na classe baixa.

Os instrumentos libertaram-se, entraram a mover-se por conta própria, adotaram processos diferentes dos que usavam os antigos patrões. Tornaram-se chefes, como Lampião, engrossaram as suas fileiras.

Foi a miséria que engrossou as suas fileiras, a miséria causada pelo aumento de população numa terra pobre e cansada.

Notas

1. RAMOS, Graciliano. "Dois cangaços". Manuscrito pertencente ao Instituto de Estudos Brasileiros: Arquivo Graciliano Ramos; Manuscritos; *Viventes das Alagoas*; GR-M-09.32. O texto saiu em *Diretrizes* (Rio de Janeiro, ano 1, n. 7, out. 1938, pp. 20-1) e foi republicado no *Diário de Notícias* (Rio de Janeiro, 1º nov. 1953, Suplemento

Literário, pp. 1 e 4). Consta do livro *Viventes das Alagoas* (1962). Tomando-se como base o manuscrito, variantes serão assinaladas.

2. Referência ao artigo anterior, "Dois irmãos", publicado em setembro em *Diretrizes*.
3. De *Diretrizes* não consta esta frase, e o parágrafo seguinte começa com: "No interior do Nordeste a vida é horrivelmente dura."
4. Na verdade, tal ataque a Mossoró (RN) teria ocorrido em junho de 1927 e o grupo de Lampião contava com 53 homens. Virgulino e seu bando foram rechaçados pelos habitantes, que, liderados pelo prefeito, defenderam bravamente a cidade (NONATO, Raimundo. *Lampião em Mossoró*. Rio de Janeiro: Pongetti, 1955, p. 73).
5. Em *Viventes das Alagoas*: "ligara-se".
6. No âmbito da Intentona Comunista de 1935, foi um dos líderes da revolta no 3º Regimento de Infantaria da Praia Vermelha. Após o insucesso do levante, foi preso e sentenciado a cinco anos e nove meses de detenção (DULLES, John W. F. *O comunismo no Brasil 1935-1945: repressão em meio ao cataclismo mundial*. São Paulo: Nova Fronteira, 1985, pp. 76 e 107). Graciliano se refere a ele em suas *Memórias do cárcere* (RAMOS, Graciliano. *Memórias do cárcere*. 47. ed. Rio de Janeiro, Record, 2013, p. 584).
7. Em *Viventes*: "as cercas, assolavam".
8. Em *Diretrizes*, há esta oração intercalada, com o verbo auxiliar que modaliza dúvida ou aparência: "parece ter mudado".
9. Note-se a diferença em *Viventes das Alagoas*: "na literatura branca do Nordeste". Em *Diretrizes*: "na literatura bronca dos violeiros", expressão semelhante à deste trecho de "A propósito de seca", artigo aqui incluído: "O cangaço antigo, em que surgiam rasgos de cavalheirismo, certamente duvidoso, mas afinal aceitos sem dificuldade e propagados pelos *trovadores broncos do interior*, era um fenômeno de ordem social; o de hoje, bárbaro, monstruoso, é uma consequência da desorganização econômica."
10. Em *Diretrizes*: "bandidos atuais".

11. Em *Viventes*: "À falta de bens".
12. Repetia-se o particípio em *Diretrizes*: "prejudicadas, inutilizadas".
13. Em *Diretrizes* esta passagem é mais concisa, sem repetições: "devasta-lhe os bens e, se não o mata, castra-o. Às vezes castra-o literalmente, e se lhe desonra as filhas, castra-o de maneira pior [...]".
14. Em *Diretrizes*: "juntar-se".
15. Em *Diretrizes* "mal geral".
16. Em *Viventes*: "os Morais".

Cabeças[1]

Quando, há algum tempo, o tenente Bezerra[2] deu cabo de Lampião e se dirigiu triunfante a Maceió, conduzindo uma bela coleção de cabeças,[3] os sertanejos de Sant'ana do Ipanema receberam-no com festas — e o herói fez um discurso.[4] Os jornais não publicaram essa oração noticiada nos telegramas; sabemos, porém, que o bravo oficial declarou o cangaço definitivamente morto, juízo imprudente que não devia ser transmitido.

Temos aí um sinal da trapalhada, da confusão reinante, confusão que a imprensa agrava de maneira insensata.

Um jornalista meu amigo foi há dias entrevistar certa moça que de um momento para outro se havia tornado notável, em consequência de um concurso de beleza, creio eu. Palestrou com ela meia hora e, feitas várias perguntas bastante indiscretas, pediu-lhe que se manifestasse a respeito de literatura. Pegada de surpresa, a mulherzinha falou sem entusiasmo da *Escrava Isaura*, mas viu numa revista a sua resposta aumentada com uma lista de romances desconhecidos, que naturalmente comprou depois e leu, cochilando e bocejando, para se armar contra novo assalto.

Desse modo se organizam muitas reputações.

Longe de mim a ideia de censurar o meu amigo jornalista e a população de Sant'ana do Ipanema, que aclamou o tenente. O repórter não tinha motivo para julgar a moça do concurso ignorante de letras, embora fosse mais razoável interrogá-la sobre pó de arroz, creme, rouge e outros ingredientes necessários à beleza.

Também não podemos considerar o tenente Bezerra incapaz de improvisar discursos decentes. É possível até que ele seja um ótimo orador: tem boa figura, voz agradável, e sorri mostrando um dente de ouro que lhe enfeita a boca. Com essas qualidades ele pode ter-se exercitado em deitar falações patrióticas aos camaradas nas horas que lhe deixaram os trabalhos da caserna. É lícito, porém, recearmos que o valente oficial não se tenha especializado nisso e que a sua arenga haja falhado. Pelas notícias aqui recebidas, sabemos que o tenente Bezerra maneja com proficiência a metralhadora e é perito na arte de cortar cabeças, coisas na verdade bem difíceis.[5] Em Alagoas, como em outros lugares, há uma quantidade regular de homens loquazes que falam horas sem dizer nada, mas nenhum deles se aventura a mergulhar no sertão e armar emboscadas com o auxílio de coiteiros, negócio perigoso; nenhum aspirou à honra de decapitar o próximo. Por que então o brioso agente da ordem gasta energia numa concorrência desleal, quando melhor seria dedicar-se inteiramente à sua profissão? Talvez o tenente

Bezerra ainda precise cortar muitas cabeças, que serão medidas cuidadosamente, como as onze da primeira série. O seu prestígio crescerá, o tenente Bezerra, que já é grande, ficará enorme.

O discurso é que destoa: enxergamos nele uma espécie de justificação, como nos conceitos literários da moça.

Na opinião de alguns leitores exigentes, o concurso de beleza era uma tolice. Mas o jornalista arranja tudo: finge conversar com a mulher e habilmente nos insinua que ela se tornou interessante, não apenas por ter belos olhos e pernas bem-feitas, mas por conhecer os romances do sr. Lins do Rego. É uma satisfação ao público, a uma parte muito reduzida do público.

Por outro lado, existem pessoas demasiado sensíveis que estremecem vendo a fotografia de cabeças fora dos corpos. Essas pessoas necessitam uma explicação.[6] Cortar cabeças nem sempre é barbaridade. Cortá-las no interior da África, e sem discurso, é barbaridade, naturalmente; mas na Europa, a machado e com discurso, não é barbaridade. O discurso nos aproxima da Alemanha. Claro que ainda precisamos andar um pouco para chegar lá, mas vamos progredindo, não somos bárbaros, graças a Deus.

Notas

1. RAMOS, Graciliano. "Cabeças". Manuscrito pertencente ao Instituto de Estudos Brasileiros: Arquivo Graciliano Ramos; Manuscritos; *Viventes das Alagoas*; GR-M-09.31. O artigo saiu no *Diário de Notícias*, Rio de Janeiro, 2 out. 1938, p. 1, 1º Suplemento, e foi republicado pelo mesmo

jornal a 1º nov. 1953. Consta de *Viventes das Alagoas* (1962). Tomando-se como base o manuscrito, variantes serão assinaladas.

2. O tenente e depois coronel João Bezerra chefiou as volantes da polícia de Alagoas que, em 1938, na fazenda Angico, em Sergipe, mataram Lampião, Maria Bonita e outros cangaceiros. Nasceu no dia 24 de junho de 1898, na serra da Colônia, município de Afogados da Ingazeira, estado de Pernambuco. Em suas memórias, diz ter aprendido a atirar com Antônio Silvino, seu primo em segundo grau. Para mais informações sobre tal figura, ver: BEZERRA, João; MELLO, Frederico Pernambucano de. *Como dei cabo de Lampião*. Recife: Fundação Joaquim Nabuco; Massangana, 1983.
3. O sinistro desfile das cabeças de Lampião, Maria Bonita e de outros cangaceiros despertou a sensibilidade não só de Graciliano, mas de inúmeros outros intelectuais. Destaque para Osório Borba ("Os bandidos e os outros". *Diretrizes*, Rio de Janeiro, ano 1, n. 6, set. 1938, pp. 40-2 e 58-61), Rubem Braga ("O homem da rua". *Diretrizes*, Rio de Janeiro, ano 1, n. 6, set. 1938, p. 7) e Aurélio Buarque de Holanda. Este último é autor do texto "Feira de cabeças" (In: *Dois mundos: contos, retratos e quadros*. 2. ed. rev. e aum. Rio de Janeiro: *O Cruzeiro*, 1956, pp. 273-81; In: *Melhores contos: Aurélio Buarque de Holanda*. Seleção de Luciano Rosa. São Paulo: Global, 2007. Coleção Melhores Contos, pp. 195-200). Ao pintar o quadro das "festividades" da chegada desse "cortejo triunfal" à cidade de Santana de Ipanema (AL), o autor alagoano enfatiza o caráter funesto e arrepiante do episódio, não se conformando com a irracionalidade da multidão: "Quase nos espanta que não haja palmas. Em todo caso, a satisfação da assistência se traduz por alguns risos mal-abafados, e comentários algo picantes, em face do grotesco. O trágico, porém, não arranca lágrimas. Os lenços são levados ao nariz: nenhum aos olhos. A multidão agita-se, freme, sofre, goza, delira. E as cabeças vão saindo, fétidas, deformadas, das latas de querosene — as urnas funerárias — onde o álcool e o sal as conservam, e conservam mal. Saem suspensas pelos cabelos, que, de enormes, nem sempre permitem,

ao primeiro relance, distinguir bem os sexos. Lampião, Maria Bonita, Etelvina, Luís Pedro, Quinta-Feira, Cajarana, Diferente, Caixa-de-Fósforo, Elétrico, Mergulhão... / — As cabeças! / — Quero ver as cabeças!" (*Dois mundos*. Rio de Janeiro: *O Cruzeiro*, 1956, p. 276).

4. Conforme destaca Osório Borba, em Santana do Ipanema houve uma grande manifestação em praça pública, onde se reuniu toda a população da cidade. "Foram vários oradores exaltando o feito dos soldados que exterminaram um dos maiores males que assolaram o Nordeste. / O tenente-coronel Lucena Magalhães agradeceu as manifestações, dizendo que sempre recebera com superioridade as inclementes censuras à ação das forças volantes, porque sabia que mais cedo ou mais tarde venceria. Concluiu pedindo ao povo que atirasse flores no tenente João Bezerra e seus companheiros. / Em seguida falou o tenente Bezerra, que agradeceu comovido" (BORBA, Osório. "Os bandidos e os outros". *Diretrizes*, Rio de Janeiro, ano 1, n. 6, set. 1938, p. 42).
5. Em *Viventes das Alagoas*: "na verdade bem difícil".
6. Nas palavras de Rubem Braga, a divulgação das imagens das cabeças dos cangaceiros seria uma "expressão poética e gentil, de um crime praticado por homens que agiam em nome do governo" (BRAGA, Rubem. "O homem da rua". *Diretrizes*, Rio de Janeiro, ano 1, n. 6, set. 1938, p. 7). Destaca ainda em tom irônico: "Para evitar qualquer dúvida aproveito a ocasião para declarar que, se em qualquer época alguém tiver a lembrança de me cortar a cabeça ficarei muito grato a quantos publicaram na imprensa o retrato de minha cabeça cortada e o nome do cortador. Assim haverá a feliz possibilidade de algum amigo ou parente meu, numa tarde em que estiver aborrecido e sem o que fazer, cortar a cabeça do cortador de minha cabeça, o que me será muito agradável, e será ainda deveras instrutivo para o meu filho e outras criancinhas brasileiras" (Id., Ibid.).

O fator econômico no cangaço[1]

O cangaço, de que tanto se têm ocupado os jornais por causa da morte de um dos seus mais notáveis componentes, é um fenômeno próprio da zona de indústria pastoril,[2] no Nordeste. Sem dúvida lá existem malfeitores em toda parte, mas os que operam na mata, lugar de agricultura e repouso, não são cangaceiros: ordinariamente são cabras de confiança de proprietários que, para conservar seus bens e aumentá-los, precisam organizar defesa armada. Um anacronismo, certamente. O Nordeste, porém, é atrasado em demasia, a propriedade aí se mantém pela força, às vezes cresce pela força. Esses pequenos exércitos de potentados matutos, reprodução dos troços que defendiam os castelos dos senhores feudais, são sedentários, não podiam deixar de ser sedentários numa região agrícola, e é isto precisamente o que mais os distingue dos cangaceiros, nômades em virtude do regime de produção na caatinga.

Aí não há o deserto, mas há muito de deserto. Na campina imensa, onde se achatam colinas baixas, a vegetação espinhosa definha; os rios se infiltram na areia ou formam poços na pedra; aqui e ali surgem bebedouros de água lamacenta; a terra é dura, torrada, pedregosa, varrida constantemente pelos redemoinhos.

Nesse meio agressivo os homens e os rebanhos se dizimam quando há carência de pastagem. Na verdade a pastagem de ordinário não finda pelo consumo, finda pela estiagem. Rarefeita, espalhada na planície enorme, obriga os animais a percorrer distâncias consideráveis para alimentar-se. E os pastores são meio vagabundos. As suas moradas não oferecem muito mais comodidade que as tendas. É certo que não se transportam, mas, simples construções de taipa, sem reboco, sem ladrilho, acaçapadas, arranjam-se economicamente e em poucos dias. A gente que nelas vive tem hábitos patriarcais, pelo menos em alguns lugares ainda se conservam hábitos patriarcais. A residência do chefe se assemelha às dos moradores próximos, quase todos pessoas da mesma família e quase todos vaqueiros.

Notemos que a terra aí não está dividida e que a propriedade consta de casas, algum açude, currais e gado. Sendo a forragem escassa, a distribuição da terra e as cercas tornariam impossível a única produção existente.

Um fazendeiro rico possui em geral várias fazendas, vários cascos de fazenda, como lá se diz, e quando em uma começa a faltar água ou planta, muda-se para outra. Impossível, portanto, um amor excessivo à terra; impossíveis as violências praticadas pelos senhores de engenho da mata contra vizinhos fracos, para tomar-lhes um sítio.

Como a riqueza é principalmente constituída por animais, o maior crime que lá se conhece é o furto de gado. A vida humana, exposta à seca, à fome, à cobra e à tropa volante, tem valor reduzido — e por isso o júri absolve regularmente o assassino. O ladrão de cavalos é que não acha perdão. Em regra não o submetem a julgamento: matam-no. Vi há muitos anos um sertanejo que, em companhia de dois filhos bem armados, tinha viajado umas quarenta léguas a pé, rastejando um desses criminosos. A alguém que estranhou semelhante gasto de energia e tempo, desproporcionado ao valor dum sendeiro, respondeu não ligar importância ao prejuízo, mas ao desaforo do ladrão, que merecia uma surra com vareta de espingarda. Passados alguns dias, reapareceu conduzindo o animal. Como, porém, não se havia efetuado nenhuma prisão, suponho que a surra de vareta se realizou e a vítima dela sucumbiu.

Esse rigor explica-se numa terra de vaqueiros, onde o cavalo é o único meio de transporte, absolutamente indispensável nas retiradas.

Tratando-se de cangaceiros, o procedimento é diverso: não podendo castigá-los, porque são fortes, os proprietários às vezes transigem com eles, coisa que nenhum poderia decentemente fazer com um ladrão de cavalos. Essas transações não são desonrosas, pois os salteadores inspiram medo, respeito, uma certa admiração que as cantigas dos violeiros cultivam. O ladrão de cavalos é o inimigo pequeno, que se pode suprimir. O cangaceiro é o inimigo poderoso, que é necessário agradar. Paga-se-lhe, portanto, um razoável tributo e manda-se-lhe por intermediário de confiança algum aviso útil que o livre da polícia.

Realmente o bandido nem sempre ameaça a propriedade: em alguns casos pode tornar-se um sustentáculo dela. Até o começo deste século os chefes de bandos eram em geral pessoas de consideração, homens de boa família, perseguidos por adversários políticos que eles juravam eliminar. Para isso necessitavam o apoio de indivíduos que se conservavam na legalidade. Aliança vantajosa às duas partes: ganhavam os bandoleiros, que obtinham quartéis e asilos na catinga, e ganhavam os proprietários, que se fortaleciam, engrossavam o prestígio com esse negócio temeroso. Como os salteadores de bota e gravata organizavam pequenos bandos compostos de sujeitos necessitados da classe baixa, concluiremos que o cangaço era um fenômeno social, agravado por motivos de ordem econômica.

Parece que as coisas se modificaram. Hoje os bandoleiros são de ordinário criaturas nascidas na canalha, libertas dos patrões que as orientavam, ora no trabalho do campo, ora nas lutas contra as forças do governo. Comparados aos antigos, pouco numerosos, constituem multidão, e tornaram-se muito mais cruéis. É difícil agarrá-los, mas se os agarram, tratam-nos de maneira bárbara, como aconteceu ultimamente na caçada a Lampião, uma fera mutilada com ferocidade. Enquanto não os pegam, as perseguições alcançam matutos inofensivos, que, por vingança ou desespero, avolumam os bandos. Assim, talvez acertemos supondo que atualmente o cangaço é um fato de natureza econômica, ampliado por motivos de ordem social.

O dr. Alfredo de Maia, industrial e político alagoano, fez-me há dias uma declaração interessante: afirmou-me que o bandoleiro Corisco[3], notável em decapitações, é filho do coronel Emiliano Fernandes, neto do coronel Manoel Fernandes da Costa, cidadão absolutamente respeitável no município de Viçosa, em Alagoas. Se Alfredo de Maia não está enganado, temos aí um caso admirável: um homem da classe dominante degradado entre bandoleiros sem que para isto hajam contribuído as perseguições e as injustiças comuns no Nordeste. É estranho que esse moço de família tenha durante longos anos servido sob as ordens de Virgulino Ferreira, um mulato, almocreve, analfabeto.

Conheci há tempo o coronel Manoel Fernandes da Costa, velho sisudo, de barbas imponentes, senhor de engenho acreditado, um esteio. O que o prejudicou foi a religião, ou antes a falta de religião: tinha era um terrível fanatismo, uma extrema veneração ao padre Cícero do Juazeiro. Vestia-se de coronel do Exército, fardava os filhos de oficiais do Exército, a cabroeira do engenho ocupava os postos subalternos e compunha a soldadesca. Engalanado, armado, acompanhado, montado num cavalo fogoso, o coronel Manoel Fernandes encaminhava-se uma vez por ano ao Juazeiro, ao som de instrumentos em que músicos, também fardados, sopravam dobrados marciais. Gastou nisso a fortuna. Como Juazeiro fica a umas cem léguas de Viçosa, ou mais, as despesas eram graúdas — e o coronel Manoel

Fernandes arruinou-se. E aí está o neto, rapaz de coragem, com estudos em colégios, seguindo as lições de Lampião e decepando cabeças.[4]

Na evolução do cangaço notamos, pois, três fases: a princípio mandavam os grandes, os *condottieri*, que se entendiam bem com os proprietários e às vezes se punham a serviço deles; depois a massa anônima da capangada cresceu e livremente escolheu mandões entre os seus membros; afinal, vemos indivíduos que vêm de cima rebaixarem-se, misturarem-se à multidão criminosa e dela emergirem de repente, dirigindo os companheiros, como Corisco.

Essa democratização do cangaço foi provavelmente determinada pelo aumento da população numa terra demasiado pobre, que em alguns lugares chega a ter perto de cinquenta habitantes por quilômetro quadrado. A gente mal pode lá viver. Isto nos mostra por que, não existindo no resto do país bandos de salteadores, o que é lisonjeiro, têm eles surgido e crescido assustadoramente no Nordeste.

Na zona árida há matutos que, segundo aparecem ou não aparecem as chuvas, ora se dedicam a misteres pacíficos, ora aderem aos grupos de bandoleiros, onde se tornam, por necessidade, criminosos medíocres. Em 1926, penetrando em Alagoas, Lampião demorou-se uma semana no município de Palmeira dos Índios, fronteira do sertão. Pernoitou em casa dum fazendeiro e, camarada, para não comprometê-lo com a polícia, quebrou duas cadeiras e matou uma novilha. Ao retirar-se, o proprietário deu-lhe por guia um vaqueiro que teve a má sorte de passar naquele momento diante da casa. Metido no bando, esse pobre-diabo encontrou nele alguns conhecidos da vizinhança, que lhe pediram notícias de amigos e parentes, mandaram recados e dinheiro para as famílias, ali residentes.

Um bando de cangaceiros é coisa que sempre se renova. O de Lampião tinha nesse tempo cento e vinte homens, mas ia largando pelos caminhos elementos cansados e angariando novos adeptos. Ao chegar a Mossoró, no Rio Grande do Norte, contava cerca de duzentos. Aí houve tiroteio forte, de que resultou a morte de Jararaca, e a companhia se dissolveu, para reorganizar-se meses depois.[5]

Essas terríveis quadrilhas, que ultimamente se têm multiplicado, não encerram, pois, todos os salteadores que afligem o Nordeste: é preciso considerá-las como escolas ambulantes, onde, em época de seca, se vão exercitar os sertanejos famintos. A educação realmente não os expõe a grande perigo. Em primeiro lugar, é difícil uma povoação atacada oferecer resistência; depois, as lutas contra as forças do governo são raras, porque de ordinário os oficiais de polícia, demasiado prudentes, evitam choques desagradáveis; afinal, como só os chefes, com fotografias e nomes nos jornais, são de fato procurados, a tropa, a multidão mal paga e sem glória, pode, com a vinda das trovoadas, desertar impunemente e voltar às suas ocupações de ordem, até que chegue de novo a necessidade de bandear-se.[6]

Notas

1. RAMOS, Graciliano. "O fator econômico no cangaço". Manuscrito pertencente ao Instituto de Estudos Brasileiros: Arquivo Graciliano Ramos; Manuscritos; *Viventes das Alagoas*; GR-M-09.29. O artigo foi publicado com o título "O fenômeno do cangaço" em *Observador Econômico e Financeiro*. Rio de Janeiro, n. 33, pp. 25-6, out. 1938. Saiu também no *Diário de Notícias*, Rio de Janeiro, 18 out. 1953, Suplemento Literário, pp. 1 e 4. Consta de *Viventes das Alagoas* (1962). Tomando-se como base o manuscrito, variantes serão assinaladas.
   Em linhas gerais, pode-se relacionar tal interpretação de Graciliano com aquela que viria a ser construída por Eric Hobsbawm no livro *Bandidos* (1969; São Paulo: Paz e Terra, 2010), obra na qual se enfoca a figura de Lampião. Para o historiador inglês, os fora da lei são frutos da ausência e da instabilidade do Estado, da pauperização, de crises econômicas, entre outros fatores. Paralelamente, apesar de desprovidos de ideologia, os "bandidos sociais" seriam vistos como "símbolos do protesto social" na medida em que não deixavam de lutar contra aqueles que oprimiam os camponeses. A crítica sobre a leitura que Hobsbawm faz especificamente do cangaço pode ser encontrada em PERICÁS, Luiz Bernardo. *Os cangaceiros: ensaio de interpretação histórica*. São Paulo: Boitempo, 2010, pp. 25-6. Pericás destaca que o autor de *Era dos extremos* parte de um modelo "universalizante", valendo-se de pouca base documental ao abordar o fenômeno do banditismo no interior nordestino.
2. Sem a vírgula em *Observador Econômico e Financeiro*.
3. "Cristino Gomes da Silva Cleto, mais conhecido como Corisco, nasceu em 1907, em Matinha de Água Branca, Alagoas, e foi assassinado na Bahia, pelo tenente Rufino, em 25 de maio de 1940. (...) Entrou para o Exército em 1924, em Aracaju. Desertor, foi perseguido e encontrou refúgio no cangaço. Depois de muita hesitação, em 1926, Corisco aliou-se a Lampião, em Vila Bela, Pernambuco, e desde então lhe permaneceu fiel" (GRUNSPAN-JASMIN,

Élise. *Cangaceiros*. Apresentação de Frederico Pernambucano de Mello. São Paulo: Terceiro Nome, 2006, p. 135).

4. Este parágrafo não consta de "O fenômeno do cangaço", versão do artigo publicada em 1938 no *Observador Econômico e Financeiro*.
5. Este último período também não consta da versão do *Observador Econômico e Financeiro*.
6. Em *Observador Econômico e Financeiro*: "até que a desgraça os obrigue de novo a bandear-se".

Corisco[1]

A notícia da morte desse tipo quase passou despercebida: surgiu na primeira página, em telegrama, encolheu-se depois nas outras folhas, foi minguando e em pouco tempo desapareceu. Havia coisa importante no jornal, a guerra da Europa; não nos interessava um cangaceiro nordestino, baleado e decapitado em consequência de numerosas estripulias.

Lampião teve um necrológico razoável, mas Lampião era chefe abalizado, gozava de enorme prestígio e perdeu a cabeça antes da guerra.

Corisco, figura secundária, não criou reputação — e finou-se quase inédito. Foi um pequeno monstro. Contudo, se as circunstâncias o ajudassem, ele seria hoje uma criatura normal e necessária. Branco e louro, com pai remediado e avô rico, senhor de vários engenhos, devia acabar, naturalmente, jogando gamão numa pequena cidade do Nordeste, à porta da farmácia, chateado por filhos brancos e louros.

Não se acomodou a isso. Na escola primária fez bagunças, indispôs-se com outros alunos mais ricos que ele e, não podendo chefiá-los, passou-se para o grupo da ponta da rua e exibiu autoridade. Não aprendeu coisa nenhuma. Remetido para um colégio da capital, foi inacessível, violento e bruto.

Preguiçando, sem esforço, faria os exames, entraria na faculdade e seria promotor. Mas Corisco não desejava ser promotor no município onde o avô, o coronel Fernandes[2], senhor de engenhos, exibira as suas longas barbas prestigiosas.

A usina tinha comido o engenho. E, entre sujeitar-se ao gringo, que mandava na usina, e obedecer ao negro devoto do padre Cícero, Corisco preferiu este. Largou a família, os restos de grandeza imprestável, amarrou a cartucheira à cintura e andou muitos anos, da Bahia ao Ceará, praticando horrores.[3]

Foi um desclassificado, um indivíduo que, principiando na ordem, na família, na religião, viu de repente isso tudo falhar. De nada lhe serviram os olhos azuis, a pele branca, as barbas do avô, longas e respeitáveis, e as do pai, menores, mas ainda assim dignas de respeito.

Corisco não possui barbas nem virtude. Se tivesse permanecido em cima, acataria um certo número de coisas sérias, tomaria em consideração os domingos, as festas de guarda, a honra das donzelas. Fora da sociedade, metido no mato como um bicho, sem calendário, e sem mulher,[4] desprezou noções rijas e antigas. Submeteu-se à lei da necessidade. Passou anos embrenhado na catinga, sujo, faminto, sedento, com um rifle a tiracolo, defendendo-se e atacando, perfeitamente bicho.

Está morto, graças a Deus. O Nordeste livrou-se dessa figura sinistra. Um branco degenerado. Há por lá muitos brancos degenerados pela miséria. Temos indivíduos que estão muito em cima, outros que estão muito embaixo. Corisco estava no meio. E desceu, obrigaram-no a descer. Que acontecerá depois?

Notas

1. RAMOS, Graciliano. "Corisco". Datiloscrito pertencente à Casa Museu Graciliano Ramos, de Palmeira dos Índios. Gostaríamos de agradecer a João Tenório Pereira, diretor da Casa Museu Graciliano Ramos, por nos ter franqueado o acesso ao documento.
   Texto publicado na imprensa provavelmente em 1940, em data posterior a 25 de maio, dia em que foi morto esse cangaceiro. Consta de *Viventes das Alagoas*.
2. Referência ao coronel Manoel Fernandes da Costa, "cidadão absolutamente respeitável no município de Viçosa, em Alagoas" (ver a crônica "O fator econômico do cangaço", presente neste volume).
3. Também conhecido como "diabo loiro", Corisco distinguia-se por sua brutalidade e crueldade (GRUNSPAN-JASMIN, Élise. *Cangaceiros*. Apresentação de Frederico Pernambucano de Mello. São Paulo: Terceiro Nome, 2006, p. 135).
4. Na verdade, Corisco tinha como mulher Dadá (Sérgia da Silva Chagas), conhecida como a princesa do cangaço. Em entrevista à revista *Fatos e Fotos*, ela destacou que o famigerado cangaceiro havia sido para ela pai e marido. "Toda a minha instrução recebi dele. Era um dos poucos cangaceiros instruídos, porque pertencera ao Exército, antes de virar cangaceiro. Ele ensinava todos os seus cabras a ler e escrever" (MACHADO, Franklin Machado. "Dadá, mulher de Corisco". *Fatos e Fotos*, São Paulo, n. 428, 12 abr. 1969).

D. Maria[1]

A mãe de dona Maria perdeu muito cedo o marido, pequeno proprietário sertanejo, e esforçou-se desesperadamente para cultivar a fazenda, impedir que os vizinhos lhe abrissem as cercas e metessem animais na roça. Defendeu-se como pôde, conservou-se viúva e, cabeluda, musculosa, quase transformada em homem, deu uma rija educação masculina à filha única.

D. Maria exercitou-se na equitação e no tiro ao alvo, combinou as letras necessárias para redigir bilhetes curtos, confiou muito na cabeça e nos braços, desenvolveu os pulmões gritando ordens rigorosas à cabroeira que se derreava no eito, arrastando a enxada de três libras. Chegando à fase das vigílias e das olheiras, casou, como era preciso; ligou-se a um ser tranquilo, pouco exigente, de raça branca, está visto, condição indispensável para não se estragar a família.

Tornou-se órfã de mãe, chorou, deitou luto, consolou-se. E, depois da missa do sétimo dia, afligiu o tabelião e os oficiais de justiça, importunou o juiz, conseguiu reduzir as custas, tomou conta da herança e entrou a dirigir os negócios em conformidade com as instruções maternas.

Tudo andou bem. A lavoura prosperou, construíram-se várias casas, levantou-se uma capela — e surgiu na fazenda uma povoação que a digna mulher governou, apesar de não lhe permitirem as leis certos atos. As leis foram cumpridas. D. Maria usava, nas transações em que a sua firma era insuficiente, um pseudônimo. A princípio o marido, vaga criatura resignada e silenciosa, tinha alguns préstimos conjugais. Despojou-se deles. E afinal, encolhido, assinava papéis de longe em longe. Recebia mesada, escondia-se das visitas, encharcava-se de aguardente na venda estabelecida a um canto da casa-grande e realizava trabalhos somenos: lavava cavalos, ia buscar o jornal na agência do correio, transmitia recados.

Aos quarenta anos, d. Maria, sacudida pelos ventos, queimada pelo sol, era uma bela mulher de carnes enxutas e olhos vivos, risonha, desembaraçada, franca, possuidora de opiniões e hábitos esquisitos, muito diferentes das opiniões e dos hábitos das proprietárias comuns. Aparecia nas feiras da cidade com vastas roupas de ramagens vistosas, sapatos de homem, xale cor de sangue, enorme cigarro de fumo picado, forte. Rodeava-a um magote de protegidos, que ela abonava nas lojas, recomendava ao prefeito, ao chefe político e ao delegado. Não podia votar, mas dispunha de alguns eleitores que a tornavam capaz de obter sentenças favoráveis no júri.

Tinha religião moderada e prática. Ia à igreja pelo Natal e evitava as confissões, mas estava em harmonia com o vigário. Naturalmente. Estava em harmonia com todas as autoridades. Mandava rezar novenas na capela do povoado, dedicava a S. Sebastião e a outros santos valiosas festas que reuniam os habitantes dos arredores. Jogavam bozó e sete e meio, rodavam nos cavalinhos, dançavam, bebiam, compravam fitas e espelhos nos baús de miudezas. Desenvolvia-se o comércio do lugar. E a natalidade aumentava. Aumentava fora das normas e da conveniência, mas d. Maria não se incomodava com preceitos. Necessário o crescimento da população. Necessários trabalhadores na roça e fregueses na venda.

Essa criatura enérgica exprimia-se em linguagem bastante livre e adotava um código moral próprio. Não estava isenta de preconceitos, mas os preconceitos eram individuais. Os pecados ordinários não tinham para ela nenhuma significação. Considerava culpados os indivíduos que de qualquer modo lhe causavam prejuízo: devedores velhacos, serviçais preguiçosos, ladrões de galinhas. Aos outros viventes manifestava indulgência. E era madrinha de todos os meninos que nasciam pelas redondezas. As pessoas sisudas encolhiam os ombros e toleravam certas derrapagens dela.

— Fraquezas de d. Maria.

Disparate, pois não consta que d. Maria se houvesse, em situações difíceis, revelado fraca. Realmente não podiam acusá-la.[2] Progresso na fazenda, crédito no armazém, os impostos pagos.

— Somos palmatória do mundo?

Só lamentavam que a extraordinária mulher falasse tão claramente, sem nenhum respeito às ideias alheias.

— Fraquezas.

Pouco antes de 1930 Lampião chegou ao município e esteve uma semana rondando a cidade, procurando meio de assaltá-la. Aboletou-se na terra de d. Maria, passou algum tempo divertindo-se e mandando espiões examinar a defesa da rua. Descontente com as observações, retirou-se e foi pedir a bênção do padre Cícero.

Sábado, como de costume, d. Maria apeou-se na feira, de xale vermelho e cigarro, cercada por numerosos protegidos. E sujeitos de olho arregalado se aproximaram dela.

— Como é, d. Maria? A senhora viu Lampião?

— Claro. Hospedou-se em minha casa.

— Em sua casa, d. Maria? Que desgraça!

— Qual é a desgraça? Bom homem. Tudo correu direito. Hospedei os mais importantes. O pessoal miúdo acomodou-se nos ranchos dos moradores. Matei gado, preparei muita comida. Bons tipos. Pagaram tudo certinho. Beberam a cerveja e a cachaça que havia, caíram num furdunço louco e dançaram como uns condenados.

— Dançaram?

— É. Convidamos as moças da vizinhança. Naturalmente não pudemos dar pares a cento e vinte caboclos. Vieram umas trinta.

— Que horror, d. Maria! Coitadas! Como ficaram essas moças?

D. Maria abriu a boca num espanto verdadeiro. Em seguida largou uma risada:

— O senhor tem perguntas! Parece criança. Como haviam de ficar? Imagine. Tolice, nenhuma delas se julga diminuída. Os cabras estavam sujos, mas despejaram frascos de perfume na cabeça e na roupa. E distribuíram voltas de ouro, cortes de seda, notas de cem mil-réis. As meninas gostaram. Vão achar casamento.

Notas

1. RAMOS, Graciliano. "D. Maria", "Quadros e costumes do Nordeste", *Cultura Política*, Rio de Janeiro, ano I, n. 10, dez. 1941, pp. 288-9. Texto republicado na comunista *Revista do Povo: Cultura e Orientação Popular*, ano 2, n. 6, jul. 1946, pp. 3-4. Manuscrito datado de 1º de outubro de 1941, pertencente ao Instituto de Estudos Brasileiros: Arquivo Graciliano Ramos; Manuscritos; *Viventes das Alagoas*; GR-M-09.10. Consta de *Viventes das Alagoas*. Como o manuscrito apresenta acréscimos, correções, reparagrafação, substituições e supressão de palavras, aparentando ser uma versão intermediária, optou-se pela suposta forma final que aparece na publicação getulista. Tal escolha ainda se justifica pelo fato de Graciliano ter exercido a função de revisor de *Cultura Política*.
   A crônica é apresentada com o seguinte paratexto na revista *Cultura Política*: "Continuando seus artigos regionais, dá-nos o autor mais um, tratando da vida sertaneja, na pessoa de uma matrona, típica daquelas paragens brasileiras. É a vida de uma mulher forte, rija, desembaraçada. Tratando de tudo que diz respeito a sua fazendola, ela, dona Maria, é a encarnação da mulher sertaneja que tudo trata, resolve e soluciona. Não possuindo dengos femininos, herdando uma educação masculina, casando por casar, pois quase não dá importância ao marido, ao 'Quincas', dona Maria é uma reminiscência do matriarcado, ainda existente no Nordeste. De tudo trata a mulher: da casa, da roça, das feiras, é, enfim, a pessoa de todos os instantes. Enquanto trabalha, o marido encharca-se de cachaça nas vendas. A página é real e fixa a vida da mu-

lher, sem preconceitos, no sertão nordestino. Até contato com o famigerado Lampião teve dona Maria, achando isso a coisa mais natural do mundo" ("Quadros e costumes do Nordeste X", *Cultura Política*, Rio de Janeiro, ano 1, n. 10, dez. 1941, p. 288).

2. Em *Viventes das Alagoas*: "Realmente não podiam acusá-la: progresso na fazenda, crédito no armazém, os impostos pagos."

Cadeia[1]

Fabiano tinha ido à feira da cidade comprar mantimentos. Precisava sal, farinha, feijão e rapaduras. Sinha Vitória pedira além disso uma garrafa de querosene e um corte de chita vermelha. Mas o querosene de seu Inácio estava misturado com água, e a chita da amostra era cara demais.

Fabiano percorreu as lojas, escolhendo o pano, regateando um tostão em côvado, receoso de ser enganado. Andava irresoluto, uma longa desconfiança dava-lhe gestos oblíquos. À tarde puxou o dinheiro, meio tentado, e logo se arrependeu, certo de que todos os caixeiros furtavam no preço e na medida: amarrou as notas na ponta do lenço, meteu-as na algibeira, dirigiu-se à bodega de seu Inácio, onde guardara os picuás.

Aí certificou-se novamente de que o querosene estava batizado e decidiu beber uma pinga, pois sentia calor. Seu Inácio trouxe a garrafa de aguardente. Fabiano virou o copo de um trago, cuspiu, limpou os beiços à manga, contraiu o rosto. Ia jurar que a cachaça tinha água. Por que seria que seu Inácio botava água em tudo? perguntou mentalmente. Animou-se e interrogou o bodegueiro:

— Por que é que vossemecê bota água em tudo?

Seu Inácio fingiu não ouvir. E Fabiano foi sentar-se na calçada, resolvido a conversar. O vocabulário dele era pequeno, mas em horas de comunicabilidade enriquecia-se com algumas expressões de seu Tomás da bolandeira. Pobre de seu Tomás. Um homem tão direito sumir-se como cambembe, andar por este mundo de trouxa nas costas. Seu Tomás era pessoa de consideração e votava. Quem diria?

Nesse ponto um soldado amarelo aproximou-se e bateu familiarmente no ombro de Fabiano:

— Como é, camarada? Vamos jogar um trinta e um lá dentro?

Fabiano atentou na farda com respeito e gaguejou, procurando as palavras de seu Tomás da bolandeira:

— Isto é. Vamos e não vamos. Quer dizer. Enfim, contanto etc. É conforme.

Levantou-se e caminhou atrás do amarelo, que era autoridade e mandava. Fabiano sempre havia obedecido. Tinha muque e substância, mas pensava pouco, desejava pouco e obedecia.

Atravessaram a bodega, a corredor, desembocaram numa sala onde vários tipos jogavam cartas em cima de uma esteira.

— Desafasta, ordenou o polícia. Aqui tem gente.

Os jogadores apertaram-se, os dois homens sentaram-se, o soldado amarelo pegou o baralho. Mas com tanta infelicidade que em pouco tempo se enrascou.

Fabiano encalacrou-se também. Sinha Vitória ia danar-se, e com razão.

— Bem feito.

Ergueu-se furioso, saiu da sala, trombudo.

— Espera aí, paisano — gritou o amarelo.

Fabiano, as orelhas ardendo, não se virou. Foi pedir a seu Inácio os troços que ele havia guardado, vestiu o gibão, passou as correias dos alforjes no ombro, ganhou a rua.

Debaixo do jatobá do quadro taramelou com sinha Rita louceira, sem se atrever a voltar para casa. Que desculpa iria apresentar a sinha Vitória? Forjava uma explicação difícil. Perdera o embrulho da fazenda, pagara na botica uma garrafada para sinha Rita louceira. Atrapalhava-se: tinha imaginação fraca e não sabia mentir. Nas invenções com que pretendia justificar-se a figura de sinha Rita aparecia sempre, e isto o desgostava. Arruinaria uma história sem ela, diria que haviam furtado o cobre da chita. Pois não era? Os parceiros o tinham pelado no trinta e um. Mas não devia mencionar o jogo. Contaria simplesmente que o lenço das notas ficara no bolso do gibão e levara sumiço. Falaria assim: — "Comprei os mantimentos. Botei o gibão e os alforjes na bodega de seu Inácio. Encontrei um soldado amarelo." Não, não encontrara ninguém. Atrapalhava-se de novo. Sentia desejo de referir-se ao soldado, um conhecido velho, amigo de infância. A mulher se incharia com a notícia. Talvez não se inchasse. Era atilada, notaria a pabulagem. Pois estava acabado. O dinheiro fugira do bolso do gibão, na venda de seu Inácio. Natural.

Repetia que era natural quando alguém lhe deu um empurrão, atirou-o contra o jatobá. A feira se desmanchava; escurecia; o homem da iluminação, trepando numa escada, acendia os lampiões. A estrela papa-ceia branqueou por cima da torre da igreja; o doutor juiz de direito foi brilhar na porta da farmácia; o cobrador da prefeitura passou coxeando, com talões de recibos debaixo do braço; a carroça de lixo rolou na praça recolhendo cascas de frutas; seu vigário saiu de casa e abriu o guarda-chuva por causa do sereno; sinha Rita louceira retirou-se.

Fabiano estremeceu. Chegaria à fazenda noite fechada. Entretido com o diabo do jogo, tonto de aguardente, deixara o tempo correr. E não levava o querosene, ia-se alumiar durante a semana com pedaços de facheiro. Aprumou-se, disposto a viajar. Outro empurrão desequilibrou-o. Voltou-se e viu ali perto o soldado amarelo, que o desafiava, a cara enferrujada, uma ruga na testa. Mexeu-se para sacudir o chapéu de couro nas ventas do agressor. Com uma pancada certa do chapéu de couro, aquele tico de gente ia ao barro. Olhou as coisas e as pessoas em roda e moderou a indignação. Na catinga ele às vezes cantava de galo, mas na rua encolhia-se.

— Vossemecê não tem direito de provocar os que estão quietos.

— Desafasta — bradou o polícia.

E insultou Fabiano, porque ele tinha deixado a bodega sem se despedir.

— Lorota — gaguejou o matuto. — Eu tenho culpa de vossemecê esbagaçar os seus possuídos no jogo?

Engasgou-se. A autoridade rondou por ali um instante, desejosa de puxar questão. Não achando pretexto, avizinhou-se e plantou o salto da reiuna em cima da alpercata do vaqueiro.

— Isso não se faz, moço — protestou Fabiano. — Estou quieto. Veja que mole e quente é pé de gente.

O outro continuou a pisar com força. Fabiano impacientou-se e xingou a mãe dele. Aí o amarelo apitou, e em poucos minutos o destacamento da cidade rodeava o jatobá.

— Toca pra frente — berrou o cabo.

Fabiano marchou desorientado, entrou na cadeia, ouviu sem compreender uma acusação medonha e não se defendeu.

— Está certo — disse o cabo. Faça lombo, paisano.

Fabiano caiu de joelhos, repetidamente uma lâmina de facão bateu-lhe no peito, outra nas costas. Em seguida abriram uma porta, deram-lhe um safanão que o arremessou para as trevas do cárcere. A chave tilintou na fechadura, e Fabiano ergueu-se atordoado, cambaleou, sentou-se num canto, rosnando:

— Hum! hum!

Por que tinham feito aquilo? Era o que não podia saber. Pessoa de bons costumes, sim senhor, nunca fora preso. De repente um fuzuê sem motivo. Achava-se tão perturbado que nem acreditava naquela desgraça. Tinham-lhe caído todos em cima, de supetão, como uns condenados. Assim um homem não podia resistir.

— Bem, bem.

Passou as mãos nas costas e no peito, sentiu-se moído, os olhos azulados brilharam como olhos de gato. Tinham-no realmente surrado e prendido. Mas era um caso tão esquisito que instantes depois balançava a cabeça, duvidando, apesar das machucaduras.

Ora, o soldado amarelo... Sim, havia um amarelo, criatura desgraçada que ele, Fabiano, desmancharia com um tabefe. Não tinha desmanchado por causa dos homens que mandavam. Cuspiu, com desprezo:

— Safado, mofino, escarro de gente.

Por mor de uma peste daquela, maltratava-se um pai de família. Pensou na mulher, nos filhos e na cachorrinha. Engatinhando, procurou os alforjes, que haviam caído no chão, certificou-se de que os objetos comprados na feira estavam todos ali. Podia ter-se perdido alguma coisa na confusão. Lembrou-se de uma fazenda vista na última das lojas que visitara. Bonita, encorpada, larga, vermelha e com ramagens, exatamente o que sinha Vitória desejava. Encolhendo um tostão em côvado, por sovinice, acabava o dia daquele jeito. Tornou a mexer nos alforjes. Sinha Vitória devia estar desassossegada com a demora dele. A casa no escuro, os meninos em redor do fogo, a cachorra Baleia vigiando. Com certeza haviam fechado a porta da frente.

Estirou as pernas, encostou as carnes doídas ao muro. Se lhe tivessem dado tempo, ele teria explicado tudo direitinho. Mas pegado de surpresa, embatucara. Quem não ficaria azuretado com semelhante despropósito? Não queria capacitar-se de que a malvadez tivesse sido para ele. Havia engano, provavelmente o amarelo o confundira com outro. Não era senão isso.

Então porque um sem-vergonha desordeiro se arrelia, bota-se um cabra na cadeia, dá-se pancada nele? Sabia perfeitamente que era assim, acostumara-se a todas as violências, a todas as injustiças. E aos conhecidos que dormiam no tronco e aguentavam cipó de boi oferecia consolações:

— "Tenha paciência. Apanhar do governo não é desfeita."

Mas agora rangia os dentes, soprava. Merecia castigo?

— An!

E, por mais que forcejasse, não se convencia de que o soldado amarelo fosse governo. Governo, coisa distante e perfeita, não podia errar. O soldado amarelo estava ali perto, além da grade, era fraco e ruim, jogava na esteira com os matutos e provocava-os depois. O governo não devia consentir tão grande safadeza.

Afinal, para que serviam os soldados amarelos? Deu um pontapé na parede, gritou enfurecido. Para que serviam os soldados amarelos? Os outros presos remexeram-se, o carcereiro chegou à grade, e Fabiano acalmou-se:

— Bem, bem. Não há nada não.

Havia muitas coisas. Ele não podia explicá-las, mas havia. Fossem perguntar a seu Tomás da bolandeira, que lia livros e sabia onde tinha as ventas. Seu Tomás da bolandeira contaria aquela história. Ele, Fabiano, um bruto, não contava nada. Só queria voltar para junto de sinha Vitória, deitar-se na cama de varas. Por que vinham bulir com um homem que só queria descansar? Deviam bulir com outros.

— An!

Estava tudo errado.

— An!

Tinham lá coragem? Imaginou o soldado amarelo atirando-se a um cangaceiro na catinga. Tinha graça. Não dava um caldo.

Lembrou-se da casa velha onde morava, da cozinha, da panela que chiava na trempe de pedras. Sinha Vitória punha sal na comida. Abriu os alforjes novamente: a trouxa de sal não se tinha perdido. Bem. Sinha Vitória provava o caldo na quenga de coco. E Fabiano se aperreava por causa dela, dos filhos e da cachorra Baleia, que era como uma pessoa da família, sabida como gente. Naquela viagem arrastada, em tempo de seca braba, quando estavam todos morrendo de fome, a cadelinha tinha trazido para eles um preá. Ia envelhecendo, coitada. Sinha Vitória, inquieta, com certeza fora muitas vezes escutar na porta da frente. O galo batia as asas, os bichos bodejavam no chiqueiro, os chocalhos das vacas tiniam.

Se não fosse isso... An! Em que estava pensando? Meteu os olhos pela grade da rua. Chi! que pretume! O lampião da esquina se apagara, provavelmente o homem da escada só botara nele meio quarteirão de querosene.

Pobre de sinha Vitória, cheia de cuidados, na escuridão. Os meninos sentados perto do lume, a panela chiando na trempe de pedras, Baleia atenta, o candeeiro de folha pendurado na ponta de uma vara que saía da parede.

Estava tão cansado, tão machucado, que ia quase adormecendo no meio daquela desgraça. Havia ali um bêbedo tresvariando em voz alta e alguns homens agachados em redor de um fogo que enchia o cárcere de fumaça. Discutiam e queixavam-se da lenha molhada.

Fabiano cochilava, a cabeça pesada inclinava-se para o peito e levantava-se. Devia ter comprado o querosene de seu Inácio. A mulher e os meninos aguentando fumaça nos olhos.

Acordou sobressaltado. Pois não estava misturando as pessoas, desatinando? Talvez fosse efeito da cachaça. Não era: tinha bebido um copo, tanto assim, quatro dedos. Se lhe dessem tempo, contaria o que se passara.

Ouviu o falatório desconexo do bêbedo, caiu numa indecisão dolorosa. Ele também dizia palavras sem sentido, conversava à toa. Mas irou-se com a comparação, deu marradas na parede. Era bruto, sim senhor, nunca havia aprendido, não sabia explicar-se. Estava preso por isso? Como era? Então mete-se um homem na cadeia porque ele não sabe falar direito? Que mal fazia a brutalidade dele? Vivia trabalhando como um escravo. Desentupia o bebedouro, consertava as cercas, curava os animais — aproveitara um casco de fazenda sem valor. Tudo em ordem, podiam ver. Tinha culpa de ser bruto? Quem tinha culpa?

Se não fosse aquilo... Nem sabia. O fio da ideia cresceu, engrossou — e partiu-se. Difícil pensar. Vivia tão agarrado aos bichos... Nunca vira uma escola. Por isso não conseguia defender-se, botar as coisas nos seus lugares. O demônio daquela história entrava-lhe na cabeça e saía. Era para um cristão endoidecer. Se lhe tivessem dado ensino, encontraria meio de entendê-la. Impossível, só sabia lidar com bichos.

Enfim, contanto... Seu Tomás daria informações. Fossem perguntar a ele. Homem bom, seu Tomás da bolandeira, homem aprendido. Cada qual como Deus o fez. Ele, Fabiano, era aquilo mesmo, um bruto.

O que desejava... An! Esquecia-se. Agora se recordava da viagem que tinha feito pelo sertão, a cair de fome. As pernas dos meninos eram finas como bilros, sinha Vitória tropicava debaixo do baú dos trens. Na beira do rio haviam comido o papagaio, que não sabia falar. Necessidade.

Fabiano também não sabia falar. Às vezes largava nomes arrevesados, por embromação. Via perfeitamente que tudo era besteira. Não podia arrumar o que tinha no interior. Se pudesse... Ah! Se pudesse, atacaria os soldados amarelos que espancam as criaturas inofensivas.

Bateu na cabeça, apertou-a. Que faziam aqueles sujeitos acocorados em torno do fogo? Que dizia aquele bêbedo que se esgoelava como um doido, gastando fôlego à toa? Sentiu vontade de gritar, de anunciar muito alto que eles não prestavam para nada. Ouviu uma voz fina. Alguém no xadrez das mulheres chorava e arrenegava as pulgas. Rapariga da vida, certamente, de porta aberta. Essa também não prestava para nada. Fabiano queria berrar para a cidade inteira, afirmar ao doutor juiz de direito, ao delegado, a seu vigário e aos cobradores da prefeitura que ali dentro ninguém prestava para nada. Ele, os homens acocorados, o bêbedo, a mulher das pulgas, tudo era uma lástima, só servia para aguentar facão. Era o que ele queria dizer.

E havia também aquele fogo-corredor que ia e vinha no espírito dele. Sim, havia aquilo. Como era? Precisava descansar. Estava com a testa doendo, provavelmente em consequência de uma pancada de cabo de facão. E doía-lhe a cabeça toda, parecia-lhe que tinha fogo por dentro, parecia-lhe que tinha nos miolos uma panela fervendo.

Pobre de sinha Vitória, inquieta e sossegando os meninos. Baleia vigiando, perto da trempe. Se não fossem eles...

Agora Fabiano conseguia arranjar as ideias. O que o segurava era a família. Vivia preso como um novilho amarrado ao mourão, suportando ferro quente. Se não fosse isso, um soldado amarelo não lhe pisava o pé não.

O que lhe amolecia o corpo era a lembrança da mulher e dos filhos. Sem aqueles cambões pesados, não envergaria o espinhaço não, sairia dali como onça e faria uma asneira. Carregaria a espingarda e daria um tiro de pé de pau no soldado amarelo. Não. O soldado amarelo era um infeliz que nem merecia um tabefe com as costas da mão. Mataria os donos dele. Entraria num bando de cangaceiros e faria estrago nos homens que dirigiam o soldado amarelo. Não ficaria um para semente. Era a ideia que lhe fervia na cabeça. Mas havia a mulher, havia os meninos, havia a cachorrinha.

Fabiano gritou, assustando o bêbedo, os tipos que abanavam o fogo, o carcereiro e a mulher que se queixava das pulgas. Tinha aqueles cambões pendurados ao pescoço. Deveria continuar a arrastá-los? Sinha Vitória dormia mal na cama de varas. Os meninos eram uns brutos, como o pai. Quando crescessem, guardariam as reses de um patrão invisível, seriam pisados, maltratados, machucados por um soldado amarelo.

Notas

1. RAMOS, Graciliano. "Cadeia". Manuscrito datado de 21 de junho de 1937, pertencente ao Instituto de Estudos Brasileiros: Arquivo Graciliano Ramos; Manuscritos; *Vidas secas*; GR-M-01.04. Com o título "Pedaço de romance", saiu no *Diário de Notícias*, Rio de Janeiro, 5 dez. 1937, pp. 1-2, 1º Suplemento. Foi publicado também em *O Cruzeiro*, Rio de Janeiro, 26 mar. 1938. (Il. de Borsoi); na *Revista do Globo*, Porto Alegre, 23 fev. 1946, Il. Vitório Gheno, pp. 53, 54 e 56; e em *Momento Feminino*, Rio de Janeiro, dez. 1951, ano III, n. 89, pp. 8, 16. Além de constar

de *Vidas secas* (Rio de Janeiro: José Olympio, 1938; 124. ed., Rio de Janeiro: Record, 2014), tal texto faz parte de *Histórias incompletas* (Porto Alegre: Livraria do Globo, 1946) e de *Histórias agrestes* (Seleção e prefácio de Ricardo Ramos. São Paulo: Cultrix, 1960; Rio de Janeiro: Edições de Ouro, 1967).

O soldado amarelo[1]

Fabiano meteu-se na vereda que ia desembocar na lagoa seca, torrada, coberta de catingueiras e capões de mato. Ia pesado, o aió cheio a tiracolo, muitos látegos e chocalhos pendurados num braço. O facão batia nos tocos.

Espiava o chão como de costume, decifrando rastos. Conheceu os da égua ruça e da cria, marcas de cascos grandes e pequenos. A égua ruça, com certeza. Deixara pelos brancos num tronco de angico. Urinara na areia e o mijo desmanchara as pegadas, o que não aconteceria se se tratasse de um cavalo.

Fabiano ia desprecatado, observando esses sinais e outros que se cruzavam, de viventes menores. Corcunda, parecia farejar o solo — e a catinga deserta animava-se, os bichos que ali tinham passado voltavam, apareciam-lhe diante dos olhos miúdos.

Seguiu a direção que a égua havia tomado. Andara cerca de cem braças quando o cabresto de cabelo que trazia no ombro se enganchou num pé de quipá. Desembaraçou o cabresto, puxou o facão, pôs-se a cortar as quipás e as palmatórias que interrompiam a passagem.

Tinha feito um estrago feio, a terra se cobria de palmas espinhosas. Deteve-se percebendo rumor de garranchos, voltou-se e deu de cara com o soldado amarelo que, um ano antes, o levara à cadeia, onde ele aguentara uma surra e passara a noite. Baixou a arma. Aquilo durou um segundo. Menos: durou uma fração de segundo. Se houvesse durado mais tempo, o amarelo teria caído esperneando na poeira, com o quengo rachado. Como o impulso que moveu o braço de Fabiano foi muito forte, o gesto que ele fez teria sido bastante para um homicídio se outro impulso não lhe dirigisse o braço em sentido contrário. A lâmina parou de chofre, junto à cabeça do intruso, bem em cima do boné vermelho. A princípio o vaqueiro não compreendeu nada. Viu apenas que estava ali um inimigo. De repente notou que aquilo era um homem e, coisa mais grave, uma autoridade. Sentiu um choque violento, deteve-se, o braço ficou irresoluto, bambo, inclinando-se para um lado e para outro.

O soldado, magrinho, enfezadinho, tremia. E Fabiano tinha vontade de levantar o facão de novo. Tinha vontade, mas os músculos afrouxavam. Realmente não quisera matar um cristão: procedera como quando, a montar brabo, evitava galhos e espinhos. Ignorava os movimentos que fazia na sela. Alguma coisa o empurrava para a direita ou para a esquerda. Era essa coisa que ia partindo a cabeça do amarelo. Se ela tivesse demorado um minuto, Fabiano seria um cabra valente.

Graciliano Ramos em 1934

Hebel Quintella, Valdemar Cavalcanti, Graciliano, Aloísio Branco, Rachel de Queiroz e José Auto, Maceió, 1934
Arquivo pessoal de Marcos Vasconcelos Filho

C A H E T É S

(Pagina do romance que Schmidt Editor lançará brevemente no sul, escolhida especialmente para NOVIDADE)

Graciliano Ramos

XXIV

Seria uma felicidade para mim, de certo, a morte de Adrião. Desgraçadamente aquella criatura tinha sete folegos. Hoje quasi a morrer, de olho duro, vela debaixo do travesseiro, a casa cheia, padre ao lado, os amigos escovando a roupa preta—e amanhã arrimado á bengala, perna aqui, perna acolá, manquejando.

D cididamente o Dr. Liberato é um sujeito desastrado: deixa que se vão os doentes que fazem falta e adia o fim dos inuteis. Guiomar Mesquita, com dezoito annos, flor de graça e bondade, como diz Xavier filho, depois de quatro mezes ora arriba ora abaixo, lá se foi em Março. E a mulher do sapateiro, a tisica, ainda vive. Emquanto, carregado d a preheusões, eu tentava accrescentar uma pagina aos meus cahetés, ouv a-lhe a tosse cavernosa.

Vendo Adrião estirado, a gente perguntava :

—Ha perigo, doutor ?

E o Dr. Liberato falava no ventriculo, na auricula, nas valvulas, e opinava :

—Se não sobrevierem complicações, julgo que não ha perigo.

Não sobrevinham complicações. A auricula, o ve triculo, as valvulas, continuavam a funccionar—e Adrião, combalido, existia

E t..do seria tão f cil se elle desapparecesse! Afinal não era ingratidão minha desejar-lhe o passamento, que não lhe devia favor. Conservav.-me porque o meu trabalho lhe era proveitoso. Amizade, protecçã , lorota ! Hoje não ha disso. Se eu não tivesse habilidade para sapecar a correspond ncia com desembaraço e enc ivarar uma partida sem raspar o livro, punha-me na rua.

Eu dava mais do que recebia, na opinião do Mendonça. Em todo o caso nunca ousei descobrir a mim mesmo o fundo do meu coração. Não chegaria a pedir aos santos, se acreditasse n s santos, que abreviassem os padecimentos do Teixeira. Tergiversava. As minhas ideas fluctuavam, como fluctuam sempre.

A' noite passava tempo sem fim sentado á banca, tentando macular a virgindade duma tira para o jornal de padre Athanasio. Impotencia. O relogio batia nove horas, dez horas. O pigarro do Dr. Liberato era abominavel. Na sala do jantar Isidoro, Paschoal e D. Maria jogavam as cartas, tinham ás vezes contendas medonhas.

Dançav m-me na cabeça imagens indecis s, fugiam num turbilhão, rebeldes. Palavras d sirmanadas, vazias, cantavam-me aos ouvidos. Eu procurava coordenal-as, dar-lhes fórma acceitavel, extrahir dellas uma idea. Nada.

Cães ladrando ao longe, gallos nos quintaes, gatos no telhado, serenat s na rua, o nordeste furioso a sibrar, sacudindo as janellas.

«Jurado amigo...» Carta a um juiz de facto, mal na contra o jury, que absolveu Manoel Tavares, assassino. Depois de muito esforço, consegui descrever o tribunal, o presidente magro e asthmatico, gente nos bancos, o advogado tris e e com a barba crescida, o Dr. Castro soletrando o libello. Não ia, emperrava. Tanto melhor, que padre Athanasio, bem relacionado com o Barroca, não havia de querer publicar aquillo. E que me importava que Manoel Tavares sahisse livre ou fo se condemnado ? Um criminoso solto.. Não vinha o mundo abaixo p r ficar mais um patife em liberd de

Antes o s neto que abandonei por falta de rima. Torci, expremi—trabalho perdido. Eu sou lá homem para compôr verso ! Tudo falso, medido—isto é poesia ? Ninguem fala contando as syllabas.

O que eu devia fazer era atirar-me aos cahetés. Difficil. Em 1556 isto por aqui era uma peste. Bicho por toda a parte, mundeos traiçoeiros, a floresta povoada de juruparys e curupiras. Mais de cem folhas, quasi illegiveis de tanta emenda, inutilizadas ! Talvez não fosse mau aprender um pouco de histori para concluir o romance. Mas não posso aprender historia sem estudar.

E viver como o dr. Liberato e Nazareth, curvado sobre livros, matutando, annotando, ganhando corcunda, é terrivel Não tenho paciencia.

Emfim ler como Nazareth lê, tudo e sempre, é um vicio como qualquer outro. Que necessidade t m el e, simples tabellião em Palmeira dos Indios, de ser tão instruido? Quem dizia bem era Adrião : «Essas philosophias não servem para nada e prejudicam o trabalho»

Adrião ! Lá vinha novamente o Adrião ! Q e acaso infeliz ama rara áquel e est ferme a mulher que devia ser minh ?

Cheguei t rde. Quando a conheci, já ella era do outro.

E pensar que ha individuos que têm tudo quanto necessitam ! Apenas lhes vem um desejo, deuses amaveis se encarregam de realizal-o. Para mim, difficuldades, complicações.

Tinha medo do que diziam de Luiza, encolhia-me aterrorizado, evitava os conhecidos, não ousava encarar Nazareth. No escriptorio certos modos impacientes de Adrião davam-me tremuras. Santo Deus ! Que

(cont adiante)

Capítulo XXIV de *Caetés*, revista *Novidade*, Maceió, n. 9, 6 jun. 1931, p. 5

Instituto Histórico e Geográfico de Alagoas

SERTANEJOS

Graciliano Ramos (Especial para Novidade)

Para o habitante do littoral o sertanejo é um individuo meio selvagem faminto, esfarrapado, sujo, com um rosario de contas enormes, chapéo de couro e faca de ponta. Falso, preguiçoso, colerico e vingativo Não tem morada certa, desloca-se do Joaseiro do padre Cicero para o grupo de Lampião, abandona facilmente a mulher e os filhos, bebe cachaça e furta como rato.

E' esse, pouco mais ou menos, o sertanejo que a gente da cidade se acostumou a ver em jornaes e em livros. Como, porém, livros e jornaes de ordinario são feitos por cidadãos que nunca estiveram no interior, o typo que apresentam é um producto literario. Essa mistura de retirante, beato e cangaceiro, enfeitada com um patuá, duas alpercatas e muitas figuras de rhetorica, torna-se rara. Os homens de minha terra podem ter por dentro a cartucheira e os molambos, mas exteriormente são criaturas vulgares, sem nenhum pittoresco.

Os sertanejos dos campos estiveram no Amazonas, em São Paulo e no Espirito Santo; tiraram borracha, plantaram café, voltaram com maços de notas e dispostos a esbanjal-as depressa. Alguns, incapazes de exercicios pesados, metteram-se no exercito e na marinha, e os que haviam ido á cadeia e levado pancada entraram na policia e vingaram-se.

Todos esses sujeitos regressaram muito sabidos, extranhando tudo, falando difficil, desconhecendo os amigos, ignorando os nomes dos objectos mais corriqueiros, confundindo bode com onça. Naturalmenet não quizeram mais criar bodes. Tornaram-se negociantes ambulantes ou adquiriram um pedaço de terra e foram explorar o trabalho dos outros.

Os moradores das cidades leram jornaes e aprenderam bastante. A literatura e a sciencia delles que antigamente estavam contidas no Carlos Magno e no Lunario Perpetuo, augmentou de modo consideravel. Conhecem o José de Alencar, o Julio Verne, a constituição brasileira e a selecção natural.

Apparecem entre elles alguns doutores que defendem a liberdade, outros que atacam o vigario. E ha o rabula, o pharmaceutico, o tabellião, o caixeiro que estuda grammatica, o redactor da folha semanal.

As pessoas notaveis do lugar são commerciantes que passam metade dos dias encostados á carteira, cochilando, e a outra metade debaixo das arvores do largo da feira, tesourando a vida alheia, tecendo mexericos. O assumpto preferido é a politica. Escangalham o prefeito e o delegado de policia, vão subindo e, com ligeiras paradas nas secretarias e no gabinete do governador, acabam desmantelando o ministerio e o presidente da Republica.

Falam demais não ganham quasi nada e começam a sentir necessidades exorbitantes Têm rodovias, estradas de ferro, luz electrica, cinema, praças com jardins, philarmonicas, machinas de escrever e pianos. Só faltam escolas e hospitaes. Por isso os sertanejos andam carregados de muita verminose e muita ignorancia.

Trabalham pouco, pensam pouco. Mas querem progresso, o progresso que vêem, encantados, nas fitas americanas. E progridem sem tomar folego. Numa casa velha de taipa arranjam uma sala bonita e mettem dentro quadros, cortinas, penduricalhos.

Dançam o charleston, jogam o foot-ball, ouvem o jazz, conhecem o box e o flirt. Até nos jogos de cartas esqueceram o honesto sete e meio e adoptaram, sem nenhuma vergonha, as ladroeiras do poker. D'ahi tiraram o bluff, que invadiu o commercio e a politica. Em algumas regiões já existe o turf. E em toda a parte a gazolina, o motor U. S. A.

Entretanto os rios estão seccos, o gado morre, a lagarta rosada deu no algodão. Tudo tão pobre . . .

Para que esse bando de coisas de nomes exquisitos ? Não era melhor que continuassemos a cultivar o terço, o reisado, o pastoril, a quadrilha, a cavalhada, o bozó pelo Natal, as sortes em noites de S. João ? Isto é nosso e é barato. O resto é dos outros e caro.

Dentro em pouco estarão todos no sertão falando inglez. Mas nós não somos inglezes . . .

"Sertanejos", revista *Novidade*, Maceió, n. 1, 11 abr. 1931, p. 11

L A M P I Ã O

(Especial para NOVIDADE)

Graciliano Ramos

Lampião nasceu ha muitos annos, em todos os Estados do Nordeste. Não falo, está claro, no individuo Lampião, que não poderia nascer em muitos lugares e é pouco interessante. Pela descripção publicada vemos perfeitamente que o salteador cafuso é um heroe de arribação bastante chinfrim Zarolho, corcunda, chamboqueiro, dá impressão má.

Refiro-me ao lampionismo, e nas linhas que se seguem é conveniente que o leitor não veja allusões a um homem *só*.

Lampião nasceu, pois, ha muitos annos, mas está moço e de boa saude. Não é verdade que seja doente dos olhos: tem, pelo contrario, excellente vista.

E' analphabeto. Não foi, porém, a ignorancia que o levou a abraçar a profissão que exerce.

No começo da vida soffreu numerosas *injustiças* e supportou muito empurrão. Arrastou a enxada, de sol a sol, ganhando dez tostões por dia, e o inspector de quarteirão, quando se aborrecia delle, amarrava-o e entregava-o a uma tropa de cachimbos, que o conduzia para a cadeia da villa. Ahi elle aguentava uma surra de vergalho de boi e dormia com o pé no tronco.

As injustiças e os maus tratos foram grandes, mas não desencaminharam Lampião. Elle é resignado, sabe que a vontade do coronel tem força de lei e pensa que apanhar do governo não é desfeita.

O que transformou Lampião em besta-fera foi a necessidade de viver. Emquanto possuia um bocado de farinha e rapadura, trabalhou. Mas quando viu o alastrado morrer e em redor dos bebedouros seccos o *gado mastigando ossos*, quando já não havia no mato raiz de imbú ou caroço de mucunã, poz o chapeo de couro, o patuá com orações da cabra preta, tomou o rifle e ganhou a capoeira. Lá está como bicho montado.

Conhecidos delle, velhos, subiram para o Acre; outros, mais moços, desceram para São Paulo. Elle não: foi ao Joaseiro, confessou-se ao padre Cicero, pediu a bençam a Nossa Senhora e entrou a matar e roubar. É natural que procure *o soldado que lhe pisava* o pé, na feira, o delegado que lhe dava pancada, o promotor que o denunciou, o proprietario que lhe deixava a familia em jejum.

A's vezes utiliza outras victimas. Isto se dá porque precisa conservar sempre vivo o sentimento de terror que inspira e que é a mais efficaz das suas armas.

Queima as fazendas. E ama, apressado, um bando de mulheres. Horrivel. Mas *certas violencias*, que indignam criaturas civilizadas, não impressionam quem vive perto da natureza. Algumas amantes de Lampião se envergonham, realmente, e finam-se de cabeça baixa: outras, porém, ficam até satisfeitas com a preferencia e com os anneis de missanga que recebem

Lampião é cruel. Naturalmente. Se elle não se poupa, como pouparia os inimigos que lhe caem entre as garras? Marchas infinitas, sem destino, fome, sede, somno curto nas brenhas, longe dos companheiros, porque a traição vigia... E de vez em quando a necessidade de sapecar um amigo que deita o pé adiante da mão...

Não podemos razoavelmente esperar *que elle proceda como* os que têm ordenado, os que depositaram dinheiro no banco, os que escrevem em jornaes e os que fazem discursos. Quando a policia o apanhar, elle estará mettido numa toca, ferido, *comendo uma* cascavel ainda viva.

Como somos differentes delle! Perdemos a coragem e perdemos a confiança que tinhamos em nós. Trememos diante dos professores, diante dos chefes e diante dos jornaes; e se professores, chefes e jornaes adoecem do figado, não dormimos. Marcamos passo e depois ficamos em posição de sentido. Sabemos regularmente: temos o francez para os romances, umas palavras inglezas para o cinema, outras coisas emprestadas.

Apesar de tudo, muitas vezes sentimos vergonha da nossa decadencia. Effectivamente valemos *pouco*.

O que nos consola é a idéa de que no interior existem bandidos como Lampião. Quando descobrirmos o Brasil, elles serão aproveitados.

E já agora nos trazem, em momentos de optimismo, a esperança de que não nos conservaremos sempre inuteis.

Afinal somos da mesma raça. Ou das mesmas raças.

E' possivel, pois, que haja em nós, escondidos, alguns vestigios da energia de Lampião. Talvez a energia esteja apenas *adormecida, abafada* pela verminose e pelos adjectivos idiotas que nos ensinaram na escola.

"Lampião", revista *Novidade*, Maceió, n. 3, 25 abr. 1931, p. 3

Lampeão entrevistado por NOVIDADE

Como o celebre cangaceiro, o heróe legendario do sertão nordestino, enc[illegible] certas coisas brasileiras: os direitos de propriedade, o progresso, a justiça, a familia, o sertão, os coroneis, cangaceirismo e a sua propria vida

Lampeão é hoje uma das criaturas mais interessantes [do] Nordeste. Não apenas do Nordeste: do Brasil todo. Vagamente conhecido ha dez annos em alguns municipios sertanejos, pouco a pouco adquirindo um prestigio terrivel e tornou-se famoso e temido em varios Estado[s]. Cresceu extraordinariamente, entrou no folk-lore, na po[esia] e no romance. E' um nome nacional. Ultimamente, com a projectada aventura do capitão Chevalier, o celebre cafuso está na ordem [do] dia. — Com o intuito de bem servir aos seus bons freguezes e amigos, como se diz na giria de negociantes, NOVIDADE imaginou entre[vist]ar Lampeão. Para isso pediu o concurso de alguns officiaes de policia, mas todos elles, por modestia, recusaram a incumbencia, alleg[ando] que não são reporters. — Na impossibilidade de obtermos um encontro com o notavel [illegible], recorremos a um truc: um dos [n]os[sos] redactores, antigo socio de centros esotericos, deitou-se, accendeu um cigarro, fech[o]u os olhos e conseg[uiu], por via telepathica, a seguinte entrevista. —

Lampeão recebeu-nos com o punhal na mão direita e o rifle na esquerda. Vestia roupa de mescla, calçava alpercatas, trazia cartucheira, chapéo de couro enfeitado, camisa aberta, rosario, retrato do padre Cicero na lapela. Offereceu-nos uma pedra para descançar, sentou-se numa raiz de baraúna e perguntou:

—Que anda fazendo por esta zona?

—Aqui marombando, capitão, [illegible], tomando a massaranduba do tempo. Eu sou representante de NOVIDADE.

—Novidade? Pois eu não quero saber de novidades. Aqui ninguem conta novidades. Foi por causa das novidades que o Sabino levou o diabo. E não gosto de gente que assumpta. O senhor é macaco ou bombeiro?

Sentimos um baque no peito.

- Deixe disso, capitão, não se afobe. NOVIDADE é um jornal.

—Um jornal?

—Sim, senhor, um papel com letras para embromar os trouxas. Mas o nosso é um jornal serio, um jornal de bandidos. E' por isso que estou aqui. Um jornal sisudo. Temos collaboradores entre as principaes figuras do cangaço alagoano, temos correspondentes...

Lampeão mostrou a dentuça e grunhiu:

—Uhn! Anda procurando um chefe.

—Ah! não! protestamos. Já temos. O lampionismo em literatura é differente do seu. O que eu quero é entrevistal-o, entende?

—Que quer dizer isso?

—E' uma tapeação. O senhor larga umas lorotas eu escrevo outras e no fim dá certo. E' sempre assim. Ás vezes, como agora, nem é preciso que a gente se encontre.

—Por que?

—Por que? Porque se eu fosse escrever o que o senhor diz, não escrevia nada.

Lampeão matutou, balançou a cabeça e concordou:

—Bom. Vamos começar. Pegue no lapis.

E começámos:

—Quaes são as suas idéas a respeito da propriedade?

O amavel [illegible] tirou da patrona um pedaço de fumo e entrou a picá-lo com o punhal.

—Eu, para falar com franqueza, acho que essa historia de pr[opr]iedade é besteira. Na era dos cab[o]clos brabos, como o senhor deve saber, coisa que um sujeito agadanhava era delle. Depois vieram os padres e atrapalharam tudo, distribuindo terra para um, espelho para outro, volta de conta para outro... Fechou-se o tempo e houve um Josué da peste, que está nos livros. Mas meu padrinho padre Cicero não vai nisso. E eu tambem não vou. Isso por aqui é nosso: gado, cachaça, mulher, tudo. E' de quem pesar a mão, entende?

—Perfeitamente. E que me diz do progresso?

—De que?

—Do progresso, da civilização. Roupas bonitas, sapatos, frascos de cheiro, cognac, doutores, victrolas...

Lampeão fez um cigarro de palha de milho, tirou o binga, bateu o fuzil e poz-se a fumar. Depois falou:

—Sapatos, como o senhor vê, não uso, mas o cognac eu bebo. E gosto das victrolas, são engraçadas. Quanto aos doutores, até hoje não me fizeram mal. Estudam nos papeis e falam muito. Creio que são uns innocentes. Emfim, não tenho queixa da civilização.

—Como considera a justiça?

—Aqui no sertão, quando um camarada tem raiva de outro, toca fogo nelle. E vai um filho do defunto, agarra um mosquetão e uma rapadura, esconde-se por detraz dum pau, dorme na pontaria, espera quinze dias e queima o sobredito. E' a justiça mais usada e não falha. Temos tambem a dos autos, demorada, mas que não é má, porque os promotores se enrascam sempre e os jurados são bons rapazes.

—Sua opinião sobre a familia?

—De quem?

—De todo o mundo. A familia em geral. A mulher, os meninos, a rêde, o bahú, o rancho, o papagaio, o saguim, a trempe, as panelas, isso tudo.

Lampeão coçou o queixo e resmungou:

—Para dizer a verdade, nunca pensei nisso. E o senhor é damnado de fuchiqueiro. Mulher, meninos... Eu sei lá! Quando um sujeito é mi[ú]do, nunca deve dizer que os filhos que tem em casa são delle. E quanto a mulher, hoje a gente pega uma, larga amanhã, arranja outra, casa aqui, descasa acolá, e assim vamos indo. Isso de mulher é bichinho que não falta. Ese um homem fosse se lembrar de todas com quem fez vida, estava arrumado.

—A sua vida assim agitada lhe dá grandes lucros, capitão?

—Lucros, lucros, não são lá grande coisa. Nem roubar hoje dá lucro. Não se tem mesmo o que roubar. Isso de dinheiro aqui, homem, é uma bobagemsinha de nada. Nesse tempo parece o povo até nem aprecia ter dinheiro pra gastar tanto quanto se gasta com a vida de hoje. Agora o que eu não faço, nem pelo diabo, é deixar minha vida de agora pra ir trabalhar na enxada, que eu não sou...

Lampeão estacou, passou o lenço pelo pescoço.

—Que calor damnado!

E nós, aproveitando a deixa:

—E com todo esse calor, o senhor gosta mesmo do sertão?

—Gostar, eu gosto, moço. Isso de calor é coisa com que a gente se acostuma depressa. Um coronel noutro dia me disse que o povo da cidade acha isso ruim, porque é deserto e quente por demais. Cidadãos que nunca viram o sertão, falam delle como se tivessem vivido nelle uma porção de tempo. E' isso que estraga essa terra, não é outra coisa não.

—E relativamente aos coroneis, que pensa o senhor?

—Homem, elles até não são ruins. Ha realmente alguns mettido a bê[s]tas, mas tambem existem pessoas direitas. Tenho boas relações com um bando delles.

Estava finda a nossa missão. Despedimo-nos:

- Muito obrigado, capitão Virgulino. E adeus. Desejo-lhe muitas felicidades nos seus negocios.

SERTÃO — Xilogravura de Lourenço Peixoto, especial para NOVIDADE

"Lampião entrevistado por *Novidade*"; xilogravura "Sertão", de Lourenço Peixoto, revista *Novidade*, Maceió, n. 6, 16 maio 1931, p. 7

◆ Dois cangaços

Graciliano Ramos

Afirmando ha dias que as violencias praticadas pelas forças volantes contra matutos indefesos levam ao cangaço muitos deles, avancei que as perseguições e as injustiças eram apenas uma das causas do mal, talvez a mais fraca. Realmente, injustiças e perseguições ha em toda a parte, sem que os ofendidos se resolvam a organizar bandos como os que infestam o Nordeste.

Terão as pessoas dos outros lugares menos vigor que os sertanejos? Pouco provavel. Sé não realizam essas ações que arrepiam os leitores dos telegramas, é que podem manifestar o seu descontentamento de maneiras diversas, e as monstruosidades são desnecessarias. E' possivel até que não precisem manifestar descontentamento, caso alguma vantagem neutralize as perseguições e as injustiças: colheita regular, salario mediano, a certeza enfim de poder existir, embora mal.

No interior do Nordeste a vida é horrivelmente dura. Com a devastação das matas, o deserto cresce; os rios correm durante alguns meses, quando chegam as trovoadas; a celebre fecundidade da terra é uma frase feita, dessas que embalaram, e ainda embalam, o otimismo nacional, teimoso e cego. Na verdade a terra, exceptuando-se a faixa do litoral, é bem ruim, alimenta mal a gente numerosa que lá se aperta.

Só o Estado de Alagoas, pobre e pequeno, com orçamento de uma duzia de mil contos, tem mais de um milhão de habitantes, o que lhe dá quasi cincoenta individuos por quilometro quadrado. Se no resto do país existisse igual densidade, teriamos no Brasil uma população como a da China.

Nesse meio exausto e repleto o cangaço é hoje muito diferente do que era no fim do seculo passado ou já no principio dêste seculo.

Comparem-se os minguados grupos dos bandoleiros antigos ás grandes massas que se têm posto em armas ultimamente em certas regiões flageladas.

Casimiro Honorio combatia só, os dois irmãos Moraes não tinham companheiros, Jesuino Brilhante dispunha duma dezena de homens — e os bandidos que atacaram Mossoró, no Rio Grande do Norte, em 1926, eram çerca de duzentos.

Entre aqueles e estes notaremos uma diferença de qualidade. Casimiro Honorio, pessoa de consideração, proprietario, tinha imenso orgulho; os dois Moraes eram filhos do padre Moraes, de Palmeira dos Indios; Jesuino Brilhante ligava-se a uma boa familia cearense, donde saiu o capitão José Leite Brasil, que se encrencou em 1935 por causa dessa historia de revolução.

Os cangaceiros atuais são de ordinario criaturas vindas de baixo, rebotalho social. Os metodos antigos divergiam dos presentemente adotados. Em geral os malfeitores ocultavam as suas truculentias ou apresentavam-nas como fatos necessarios e justos; enfeitados, romantizados pela imaginação popular, dedicavam-se a obras de reivindicação e de vingança, eram uns herois, quasi uns apostolos, na opinião dos matutos. Distribuiam punhados de moedas roubadas, queimavam regularmente as cercas e assolavam as fazendas dos amigos do governo, coisas agradaveis á gente miuda, cubiçosa por necessidade e naturalmente oposionista.

Antonio Silvino atribuia-se uma autoridade especial em negocios de familia, exercia uma curiosa magistratura: prodigalizava conselhos, endireitava relações abaladas, forjava casamentos dificeis e com o dinheiro dos negociantes das vilas postas a saque arranjava dotes para as raparigas pobres avariadas.

Tudo isso mudou, parece ter mudado, talvez por serem agora os fatos, numerosos e proximos, observados fóra daquela penumbra que favorecia as deformações e os exageros.

Antonio Germano e Amaro Mimbura raspavam com faca de ponta as canelas das suas vitimas e assim obtinham a chave do baú ou do cofre; davam nos pacientes um banho de querozene e riscavam um fosforo na roupa molhada. A primeira parte desse programa foi realizada em vários municipios de Alagoas, nas pessoas de alguns senhores de engenho avarentos; a segunda, a do querozene, experimentou-a Olimpio Coelho do Amaral Nogueira, pequeno proprietario queimado vivo em Bom Conselho, Pernambuco.

Lampeão era religioso, não por temperamento: por habito e por influencia do padre Cicero do Joazeiro. E, religioso, entrando numa igreja de povoação conquistada, tirava uma nota de quinhentos mil réis da capanga e introduzia-a na rachadura da caixa das almas, a punhal. Isso não o impedia de violar mulheres na presença dos maridos amarrados.

Lampião era um monstro, tornou-se um monstro, simbolo de todas as monstruosidades pssiveis.

Resta, prém, saber se os outros, os antigos, não praticavam ações como as dele e se não havia qualquer interesse em escondê-las. Talvez houvesse. Casimiro Honorio, os Moraes, Jesuino Brilhante e Antonio Silvino tinham alguma coisa que perder, terra ou fazenda, pelo menos um nome, valor tradicional. Não podiam mostrar-se de repente demolidores de instituições respeitadas: precisavam mante-las; apesar de reprobos, eram de alguma fórma elementos de ordem, amigos da propriedade, de todos os atributos da propriedade. O que eles combatiam era, não a propriedade em si, mas a propriedade dos seus inimigos. Daí talvez surgirem conservadores, poetisados e aumentados na literatura bronca dos violeiros.

Os bandidos atuais nasceram num mundo seco e populoso, no meio duma devastação. Nada podem perder, nada os liga ao passado e provavelmente não deixarão descendencia: sumir-se-ão numa volta do caminho, sob uma chuva de balas, serão decapitados, mutilados. Em falta de bens, arriscam as suas vidas inuteis. E se essas vidas são inuteis, que podem eles poupar fóra delas?

O proprietario ameaçado pela policia, foragido, embrenhado, sentia apoio onde andava, amparavam-no amigos seguros, companheiros de classe receosos de perder o prestigio e chegar á situação deles. Não lhes faltavam os intermediarios necessarios na compra de viveres, armas e munições, os avisos que os livravam das ciladas.

O cangaceiro de hoje, infinitamente distante do coronel, não conta com ele, nenhuma razão tem para confiar nele. E se o utiliza algumas vezes, é porque o aterroriza, ameaça o que ele mais preza. Não se contenta com incendios e matança de gado: invade a casa do fazendeiro, rouba-lhe a mulher e as filhas, leva-as para a capoeira e entrega-as meses depois, estragadas, mediante resgate.

E' verdade que tambem estraga moças da camada baixa, mas essas não se aviltam por isso: recebem com satisfação frascos de perfume, cordões de ouro, córtes de seda — e casam-se naturalmente, como se nenhum dano tivessem sofrido.

As moças brancas é que ficam irreparavelmente prejudicadas, inutilizadas para sempre.

O cangaceiro tipo Lampião aniquila o inimigo: devasta-lhe os bens e, se não o mata, castrá-o. A's vezes castra-o literalmente, e se lhe deshonra as filhas, castra-o de maneira peor: mata-lhe a descendencia, pois nenhum sertanejo de familia vai juntar-se a uma pessoa ultrajada.

Não afirmo que o bandido proceda assim conscientemente. A verdade, porém, é que ele molesta, não apenas o adversário, mas o meio social em que este vive, as instituições que o amparam.

Salva-se a religião, uns restos de religião, patente no ato de meter cedulas no cofre das almas, a ponta de punhal. O resto desapareceu. E a familia, essa coisa sagrada, é o que mais se ataca.

Concluo daí que o cangaço no Nordeste se apresenta sob dois aspectos, ou antes, que podemos observar lá dois cangaços: um de origem social, outro, mais sério, criado por dificuldades economicas.

Por isso afirmei que as perseguições e as injustiças apenas contribuiam para o mal geral. Determinaram o aparecimento de homens como Casimiro Honorio, Jesuino Brilhante, Moraes e Antonio Silvino.

Alguns desses realizaram sózinhos as suas façanhas, outros necessitaram instrumentos para defender-se e foram busca-lo na classe baixa.

Os instrumentos libertaram-se, entraram a mover-se por conta propria, adotaram processos diferentes dos que usavam os antigos patrões. Tornaram-se chefes, como Lampião, engrossaram as suas fileiras.

Foi a miseria que engrossou as suas fileiras, a miseria causada pelo aumento de população numa terra pobre e cançada.

"Dois cangaços", revista *Diretrizes*, Rio de Janeiro, ano 1, n. 7, out. 1938, pp. 20-1

Morto "em pé", ao centro, o cangaceiro Cirilo de Engrácia, "comparsa de Lampião", cercado pelos homens que o mataram em Mata Grande, Alagoas, a 5 de agosto de 1935
A fotografia saiu no *Diário de Pernambuco* de 28 de agosto de 1935

"[...] *Pensei em Cirilo de Engrácia, visto dias antes em fotografia — um cangaceiro morto, amarrado a uma árvore. Parecia vivo e era medonho. O que tinha de morto eram os pés, suspensos, com os dedos quase tocando o chão.*"
Graciliano Ramos, *Angústia*. 67. ed. Rio de Janeiro: Record, 2012, p. 217

Lampião e Maria Bonita, 1947, Candido Portinari
Direito de reprodução gentilmente cedido por João Candido Portinari

ANO XXVIII — Rio de Janeiro. — Sexta-feira, 29 de Julho de 1938

A NOITE

EDIÇÃO DAS 11 HORAS

REDAÇÃO: PRAÇA MAUA', 7 — TELEFONES: Mesa de ligações internas: 23-1910. Secção de informações: 23-1556. Carioca-reporter: 23-4090

LAMPEÃO FOI DEGOLADO!

A AMANTE DO TERROR DO NORDESTE E MAIS NOVE BANDIDOS EXTERMINADOS DO MESMO MODO

Ferido o tenente Bezerra, que comandou a coluna volante autora do feito - Morto um dos soldados - Os principais cangaceiros eliminados - Expostas em Piranhas as cabeças dos facinoras, que vão ser removidas para Maceió - Confirmado oficialmente o mais sensacional furo jornalistico dos ultimos tempos, estampado na edição extra de A NOITE de ontem - Como o comandante do 2° Batalhão da Força Publica de Alagoas, aquartelado em Santana do Ipanema, relata ao interventor o episodio verificado na fazenda Angicos

Manchete da época: "Lampeão foi degolado!",
jornal *A Noite*, Rio de Janeiro, 29 jul. 1938, p. 1

DOIS IRMÃOS

Convidado por "Diretrizes", o grande autor de "Angustia" e "Vidas Sêcas" inicia neste numero um estudo sobre o Nordeste e seus problemas. Estamos certos que poucos poderão transmitir aos nossos leitotes uma rapida visão do que é esse Nordeste longinquo e misterioso com tanta segurança e clareza como Graciliano Ramos

No último romance do sr. Lins do Rego, encontramos alguns símbolos muito curiosos e muito oportunos neste ano em que do Nordeste nos têm vindo chuvas de noticias sangrentas. Uma vila ignorada nas geografias e talvez imaginária indica a ordem, ordem modorrenta, devota e fuchiqueira, que as tropas volantes ás vezes perturbam. A religião definha na figura dum padre, santo velho inutil. Perto, num lugarejo mal afamado, uma familia de vaqueiros resume o descontentamento e a revolta.

Dois irmãos aparecem, os dois irmãos que nos vêm de lendas antigas, caracteres opostos, desejosos de melhorar as coisas, mas não se entendendo sôbre os meios que devem utilizar. Nenhum deles sabe direito o que pretende: acumularam longamente desgraças e decepções, sofreram demais, aguentaram injustiças e coices, sentem que a vida se arruinou e é preciso concertá-la. Mas pensam de maneira diferente, imaginam processos de salvação contraditorios — e acontece o que sempre aconteceu, para felicidade dos seus opressores: a dispersão de fôrças.

Esaú é arojado, tem o coração ao pé da guela e pouco interior. O que vem de fóra não o penetra muito: bate e volta, traduz-se em movimento. E como o que recebe de ordinário é brutalidade, a brutalidade faz ricochete e atinge quem o ofendeu. Atinge tambem pessoas que não o ofenderam, caso lastimavel, mas essa criatura irrefletida segue uma teoria que esteve em moda há pouco tempo, bem extravagante: "Quem não é amigo é inimigo". Até os indiferentes são inimigos. Por isso, quando na feira um soldado lhe planta a reuna em cima da alpercata, apruma-se e rebenta-lhe o focinho com um murro, se o agressor está desacompanhado; se não está, vai esperá-lo numa volta de caminho, passa duas semanas emboscado, com um saco de farinha e algumas rapaduras, dormindo na pontaria. Mata-o, fura-lhe a carótida com o punhal, depois elimina qualquer individuo que, no seu entender, tenha relação, proxima ou remota, com a vítima.

A Biblia não nos diz, é claro, que Esaú procedia desse modo. Talvez procedesse. Refiro-me, porêm, ao Esaú sertanejo, esse típo que tem ocupado os jornais ultimamente e vai crescendo, crescendo, não obstante anunciarem com barulho a sua morte.

Jacob, homem de sonho, diverge muito do irmão. E' doce, resignado, constróe escadas que anjos percorrem, aguarda longos anos a realização de promessas que julga ter recebido. Como as promessas não se efetuam, fica outros anos encolhido, espiando o céo. Depois, para alcançá-las, adóta certas práticas eficazes na sua opinião. Infelizmente estamos longe da lenda: esse homem piedoso continúa miseravel, habitante duma região medonha que certa literatura tem revelado indiscretamente. E porque o seu reino, apesar de tudo, é deste mundo, as cerimonias a que se dedica para obter o milagre são condenadas — e os agentes da ordem acham razoavel suprimí-lo.

Realmente essas cerimonias nem sempre foram inofensivas. Há um século tiveram fórmas barbaras, reminiscencias de habitos extintos, surgiram até sacrificios humanos, mas em geral são exercicios pacificos, macaqueações mais ou menos grosseiras da religião dominante: ladainhas, cantos, sermões incoherentes e palavrosos.

A adoração das arvores reaparece, modificada pelos costumes atuais: dois galhos que formem com o tronco, uma espécie de cruz bastam para atraír abundancia de crentes. Há alguns anos esse **cruzeiro verde** tornou-se epidêmico em várias partes do Nordeste. Voltamos ao templo natural e selvagem da mata, anacronismo estabelecido numa zona de população densa, com estradas de rodagem, linhas ferreas e arames do telégrafo.

•

Certamente isso é uma enorme incongruência, mas não nos devemos admirar.

"Dois irmãos", revista *Diretrizes*, Rio de Janeiro,
ano 1, n. 6, set. 1938, pp. 14, 15 e 24

Cabeças

Graciliano Ramos

Quando, ha algum tempo, o tenente Bezerra [illegible] de Lampião e [illegible] triumphante [illegible], conduzindo uma bella collecção de cabeças, os sertanejos de Sant'Anna do Ipanema receberam-no com festas — e o bravo fez um discurso. Os jornaes não publicaram essa oração noticiada nos telegrammas; sabemos, porém, que o bravo official [illegible] declarou [illegible] definitivamente [illegible] ao [illegible]. Temos ahi um signal de trapalhada, da confusão reinante, confusão que a imprensa aggrava de maneira [illegible]. Um jornalista meu amigo foi ha dias entrevistar certa moça que de um momento para outro se havia tornado notavel, em consequencia de um concurso de belleza, acho eu. Palestrou com ella meia hora e, feitas varias perguntas bastante indiscretas, pediu-lhe que se manifestasse a respeito de literatura. Pegada de surpresa, a mulherzinha falou com enthusiasmo do Eterno [illegible], mas viu numa revista a sua resposta augmentada com uma lista de romances desconhecidos, que naturalmente [illegible] depois [illegible], bocejando, para se [illegible] contra nosso [illegible]. Devem mudar se organizem muitas reputações. Longe de mim a idéa de comparar o meu amigo jornalista e a população de Sant'Anna do Ipanema, que acclamou o tenente. O reporter não tinha motivo para julgar a moça [illegible] do concurso ignorante de letras, embora fosse mais razoavel interrogá-la sobre pó de arroz, cremes, rouge e outros ingredientes necessarios á belleza. Tambem não podemos considerar o tenente Bezerra incapaz de improvisar discursos decentes. É possivel até que elle seja um optimo orador e [illegible] boa figura, voz agradavel, e sorriso mostrando um dente de ouro.

Manuscrito de “Cabeças”, s.d.
Arquivo Graciliano Ramos – IEB-USP

2

que lhe [illegible] o bem. Com essas qualidades elle pode ter-se exercitado em deitar [illegible] patrioticas nos [illegible] nas horas que lhe deixavam os trabalhos da carreira. É licito, porém, receiarmos que o [illegible] official não se tenha especializado nisso e que o seu [illegible] haja falhado. Pelas noticias que [illegible] recebidas, sabemos que o tenente Bezerra maneja com proficiencia a metralhadora e é perito na arte de cortar cabeças, coisa em verdade bem difficil. Em Alagoas, como em outros lugares, ha uma quantidade regular de homens [illegible] que falam horas sem dizer nada, mas nenhum delles se aventura a [illegible] no sertão e [illegible] embaraçado com o [illegible] de [illegible], negocio perigoso; nenhum se atreve á tarefa de decepar o proximo. Porque não o [illegible] regulo da ordem [illegible] uma [illegible] doutoral, [illegible] quando melhor seria dedicar-se inteiramente á sua profissão? Talvez o tenente Bezerra ainda precise cortar muitas cabeças, que serão medidas cuidadosamente, como as cabeças da primeira serie. O seu prestigio crescerá, o tenente Bezerra, que já é grande, ficará enorme. O discurso é que destoa e [illegible] uma especie de justificação, [illegible] literarios da moça. Na opinião de alguns leitores exigentes, o concurso de belleza era uma tolice. Mas o jornalista arranjou tudo: fingiu conversar com a mulher e habilmente nos convenceu que ella se tornou interessante, não apenas por ter bonitos olhos e pernas bem feitas, mas por conhecer os romances de [illegible] Lins do Rego. É uma satisfação ao publico, ou a uma parte muito reduzida do publico. Por outro lado [illegible] existem pessoas demasiado sensiveis que estremeceram vendo a photographia de cabeças fóra dos corpos. Essas pessoas necessitam uma explicação. Cortar cabeças nem sempre é [illegible] barbaridade. Cortal-as no interior da Africa, sem discurso, é barbaridade, naturalmente; [illegible] na Europa, a machado e com discurso, não é barbaridade. O discurso nos approxima da Allemanha. Claro que ainda precisamos andar um pouco para chegar lá, mas vamos progredindo, não somos barbaros, graças a Deus.

O Phenomeno do Cangaço

O CANGAÇO, de que tanto se têm occupado os jornaes por causa da morte de um dos seus mais notaveis componentes, é um phenomeno proprio da zona de industria pastoril no Nordéste. Sem duvida lá existem malfeitores em toda parte, mas os que operam na matta, logar de agricultura e repouso, não são cangaceiros: ordinariamente são "cabras" de confiança de proprietarios que, para conservar seus bens, e augmental-os, precisam organizar defesa armada. Um anachronismo, certamente. O Nordéste, porém, é atrazado em demasia, a propriedade ahi se mantem pela força, ás vezes cresce pela força. Esses pequenos exercitos de potentados matutos, reproducção dos traços que defendiam os castellos dos senhores feudaes, são sedentarios, não podiam deixar de ser sedentario numa região agricola, e é isto precisamente o que mais os distingue dos cangaceiros, nomades em virtude do regime de producção na "caatinga".

Ahi não ha o deserto, mas ha muito de deserto. Na campina immensa, onde se achatam collinas baixas, a vegetação espinhosa definha; os rios se infiltram na areia ou formam poços na pedra: aqui e alli surgem bebedouros de agua lamacenta; a terra é dura, torrada, pedregosa, varrida constantemente pelos redemoinhos.

Nesse meio aggressivo os homens e os rebanhos se dizimam quando ha carencia de pastagem. Na verdade a pastagem de ordinario não finda pelo consumo, finda pela estiagem. Rarefeita, espalhada na planicie enorme, obriga os animaes a percorrer distancias consideraveis para alimentar-se. E os pastores são meio vagabundos. As suas moradas não offerecem muito mais commodidade que as tendas. E' certo que não se transportam; mas, simples construcções de taipa, sem reboco, sem ladrilho, acaçapadas, arranjam-se economicamente em poucos dias. A gente que nellas vive tem habitos patriarchaes, pelo menos em alguns logares ainda se conservam habitos patriarchaes. A residencia do chefe se assemelha ás dos moradores proximos, quasi todos pessoas da mesma familia, e quasi todos vaqueiros.

Notemos que a terra ahi não está dividida e que a propriedade consta de casas, algum açude, curraes e gado. Sendo a forragem escassa, a distribuição da terra e as cercas tornariam impossivel a unica producção existente.

Um fazendeiro rico possue em geral varias fazendas, varios "cascos de fazenda", como lá se diz, e quando em uma começa a faltar agua ou planta, muda-se para outra. Impossivel, portanto, um amor excessivo á terra; impossiveis as violencias praticadas pelos senhores de engenho da matta contra vizinhos fracos, para tomar-lhes um sitio.

Como a riqueza é principalmente constituida por animaes, o maior crime que lá se conhece é o furto de gado. A vida humana, exposta á secca, á fome, á cobra e á tropa volante, tem valor reduzido — e por isso o jury absolve regularmente o assassino. O ladrão de cavallos é que não acha perdão. Em regra não o submettem a julgamento: matam-no. Vi, ha muitos annos, um sertanejo que, em companhia de dois filhos bem armados, tinha viajado umas quarenta leguas a pé, rastejando um desses criminosos. A alguem que estranhou semelhante gasto de energia e tempo, desproporcionado ao valor de um sendeiro, respondeu não ligar importancia ao prejuizo, mas ao desaforo do ladrão, que merecia uma surra com vareta de espingarda. Passados alguns dias, reappareceu conduzindo o animal. Como, porém, não se havia effectuado nenhuma prisão, supponho que a surra de vareta se realizou e a victima della succumbiu.

Esse rigor explica-se numa terra de vaqueiros, onde o cavallo é o unico meio de transporte, absolutamente indispensavel nas retiradas.

Tratando-se de cangaceiros, o procedimento é diverso: não podendo castigal-os, porque são fortes, os proprietarios ás vezes transigem com elles, coisa que nenhum poderia decentemente fazer com um ladrão de cavallos. E as transacções não são deshonrosas, pois os salteadores inspiram medo, respeito, uma certa admiração que as cantigas dos violeiros cultivam. O ladrão de cavallos é o inimigo pequeno, que se pode supprimir. O cangaceiro é o inimigo poderoso, que é necessario agradar. Paga-se-lhe, portanto, um razoavel tributo e manda-se-lhe, por intermediario de confiança, algum aviso util que o livre da policia...

Realmente o bandido nem sempre ameaça a propriedade: em alguns casos pode tornar-se um sustentaculo della. Até o começo deste seculo os chefes de bandos eram em geral pessoas de consideração, homens de boa familia, perseguidos por adversarios politicos que elles juravam eliminar. Para isso necessitavam o apoio de individuos que se conservavam na legalidade. Alliança vantajosa ás duas partes: ganhavam os bandoleiros, que obtinham quarteis e asylos na "caatinga", e ganhavam os proprietarios, que se fortaleciam, engrossavam o prestigio com esse negocio temeroso. Como os salteadores de bota e gravata organizavam pequenos bandos compostos de sujeitos necessitados de classe baixa, concluiremos que o cangaço era um phenomeno social, aggravado por motivos de ordem economica.

Parece que as cousas se modificaram. Hoje os bandoleiros são, de ordinario, creaturas nascidas na canalha, libertas dos patrões que as orientavam, ora no trabalho do campo, ora nas lutas contra as forças do governo. Comparados aos antigos, pouco numerosos, constituem multidão, e tornaram-se muito mais crueis. E' difficil agarral-os, mas, si os agarram, tratam-nos de maneira barbara, como aconteceu ultimamente na caçada a Lampeão, uma féra mutilada com ferocidade. Emquanto não os pegam, as perseguições alcançam matutos inoffensivos, que, por vingança ou desespero, avolumam os bandos. Assim, talvez acertemos suppondo que actualmente o cangaço é um facto de natureza economica, ampliado por motivos de ordem social.

O dr. Alfredo de Maya, industrial e politico alagoano, fez-me ha dias uma declaração interessante: affirmou-me que o bandoleiro Corisco, notavel em decapitações, é filho do coronel Emiliano Fernandes, neto do coronel Manoel Fernandes da Costa, cidadão absolutamen-

"O fenômeno do cangaço",
Observador Econômico e Financeiro,
Rio de Janeiro, n. 33, out. 1938, pp. 25-6

CORÍSCO

Graciliano Ramos.

A notícia da morte desse tipo quási passou desapercebida: surgiu
na primeira página, em telegramma, encolheu-se depois nas outras fôlhas, f
minguando e em pouco tempo desappareceu. Havia coisa importante no jor
nal, a guerra da Europa; não nos interessava um cangaceiro nordestino, baleado e decapitado em consequência de numerosas estrepolias. Lampião teve
um necrológio razoável, mas Lampião era chefe abalizado, gozava de enorme
prestígio e perdeu a cabeça antes da guerra. Corisco, figura secundária,
não criou reputação — e finou-se quási inédito.
Foi um pequeno monstro. Comtudo, se as circumstâncias o ajudassem, êlle
seria hoje uma criatura normal e necessária. Branco e louro, com pae remediado e avô rico, senhor de vários engenhos, devia acabar, naturalmente, j
gando gamão numa pequena cidade do Nordeste, à porta da pharmácia, chatea
por filhos brancos e louros. Não se accommodou a isso. Na escola primária
bagunças, indispoz-se com outros alumnos mais ricos que êlle e, não poden
chefiá-los, passou-se para o grupo da ponta da rua e exhibiu auctoridade.
Não aprendeu coisa nenhuma. Remettido para um collégio da capital, foi in
cessivel, violento e bruto. Progredindo, sem esfôrço, faria os exames, en
traria na faculdade e seria promotor. Mas Corisco não desejava ser promotor no município onde o avô, o coronel Fernandes, senhor de engenhos, tinh
exhibido as suas longas barbas prestigiosas. A usina tinha comido o engen
E, entre sujeitar-se ao gringo, que mandava na usina, e obedecer ao negro
devoto do padre Cícero, Corisco preferiu êste. Largou a família, os resto
de grandeza imprestável, amarrou a cartucheira à cintura e andou muitos a
nos, da Bahia ao Ceará, praticando horrores. Foi um desclassificado, um i
divíduo que, principiando na ordem, na família, na religião, viu de repen
isso tudo falhar. De nada lhe serviram os olhos azues, a pelle branca,
as barbas do avô, longas e respeitáveis, e as do pae, menores
mas ainda assim dignas do respeito. Corisco não possuiu barbas nem
Se tivesse permanecido em cima, acataria um certo número de coisas sérias,
tomaria em consideração os domingos, as festas de guarda, a honra das don-
zellas. Fora da sociedade, mettido no mato como um bicho, sem calend
rio e sem mulher, desprezou noções rijas e antigas. Submeteu-se à lei da nece
sidade. Passou annos embrenhado na catinga, sujo, faminto, sedento, com u
rifle a tiracollo, defendendo-se e atacando, perfeitamente bicho. Está mo
to, graças a Deus. O Nordeste livrou-se dessa figura sinistra. Um branco d
generado. Há por lá muitos brancos degenerados pela miséria. Temos indivíduos
que estão muito em cima, outros que estão muito em baixo. Corisco estava
no meio. E desceu, obrigaram-no a descer. Que acontecerá depois?

Datiloscrito de "Corisco"
Casa Museu Graciliano Ramos, Palmeira dos Índios

QUADROS E COSTUMES DO NORDESTE

"D. MARIA"

GRACILIANO RAMOS

GRACILIANO RAMOS

A mãe de dona Maria perdeu muito cedo o marido, pequeno proprietário sertanejo, e esforçou-se desesperadamente por cultivar a fazenda, impedir que os vizinhos lhe abrissem as cercas e metessem animais na roça. Defendeu-se como pôde, conservou-se viuva e, cabeluda, musculosa, quase transformada em homem, deu uma rija educação masculina à filha única.

D. Maria exercitou-se na equitação e no tiro ao alvo, combinou as letras necessárias para redigir bilhetes curtos, confiou muito na cabeça e nos braços, desenvolveu os pulmões gritando ordens rigorosas à cabroeira que se derreava no eito, arrastando a enxada de três libras. Chegando à fase das vigílias e das olheiras, casou, como era preciso: ligou-se a um ser tranquilo, pouco exigente, de raça branca, está visto, condição indispensável para não se estragar a família.

Tornou-se orfã de mãe, chorou, deitou luto, consolou-se. E, depois da missa do sétimo dia, afligiu o tabelião e os oficiais de justiça, importunou o juiz, conseguiu reduzir as custas, tomou conta da herança e entrou a dirigir os negócios em conformidade com as instruções maternas.

Tudo andou bem. A lavoura prosperou, construiram-se várias casas, levantou-se uma capela — e surgiu na fazenda uma povoação que a digna mulher governou, apesar de não lhe permitirem as leis certos atos. As leis foram cumpridas. D. Maria usava, nas transações em que a sua firma era insuficiente, um pseudônimo. A princípio o marido, vaga criatura resignada e silenciosa, tinha alguns préstimos conjugais. Despojou-se deles. E afinal, encolhido, assinava papéis de longe em longe. Recebia mesada, escondia-se das visitas, encharcava-se de aguardente na venda estabelecida a um canto da casa grande e realizava trabalhos somenos: lavava cavalos, ia buscar o jornal na agência do correio, transmitia recados.

Aos quarenta anos, D. Maria, sacudida pelos ventos, queimada pelo sol, era uma bela mulher de carnes enxutas e olhos vivos, risonha, desembaraçada, franca, possuidora de opiniões e hábitos exquisitos, muito diferentes das opiniões e dos hábitos das proprietárias comuns. Aparecia nas feiras da ciddae com vastas roupas de ramagens vistosas, sapatos de homem, chale côr de sangue, enorme cigarro de fumo picado, forte. Rodeava-a um magote de protegidos, que ela abonava nas lojas, recomendava ao prefeito, ao chefe político e ao delegado. Não podia votar, mas dispunha de alguns eleitores que a tornavam capaz de obter sentenças favoráveis no juri.

Tinha religião moderada e prática. Ia à igreja pelo Natal e evitava as confissões, mas estava em harmonia com o vigário. Naturalmente. Estava em harmonia com tôdas as autoridades. Mandava rezar novenas na capela do povoado, dedicava a São Sebastião e a outros santos valiosos festas que reuniam habitantes dos arredores. Jogavam bozó e sete e meio, rodavam nos cavalinhos, dansavam, bebiam, compravam fitas e espelhos nos baús de miudezas. Desenvolvia-se o comércio do lugar. E a natalidade aumentava. Aumentava fora das normas e da conveniência, mas D. Maria não se incomodava com preceitos. Necessário o crescimento da população. Necessários trabalhadores na roça e fregueses na venda.

Esa criatura enérgica exprimia-se em linguagem bastante livre e adotava um código mo-

(Continua na pág. seguinte)

"D. Maria", 1941, *Revista do Povo: Cultura e Orientação Popular*, ano 2, n. 6, jul. 1946, pp. 3-4
Arquivo Edgard Leuenroth – IFCH – Universidade Estadual de Campinas

Ilustração de Santa Rosa para "Mudança" (*Vidas secas*), *O Jornal*, Rio de Janeiro, 19 dez. 1937

Sono, 1940 / *Madrugada*, Santa Rosa

Ilustração do capítulo 3 de *Vidas secas*, "Cadeia", *Momento Feminino*, Rio de Janeiro, dez. 1951, ano III, n. 89, pp. 8, 16

Ilustração de "O soldado amarelo", de *Vidas secas*. *Momento Feminino*, Rio de Janeiro, mar./abr. 1953, ano 6, n. 99, pp. 6, 14

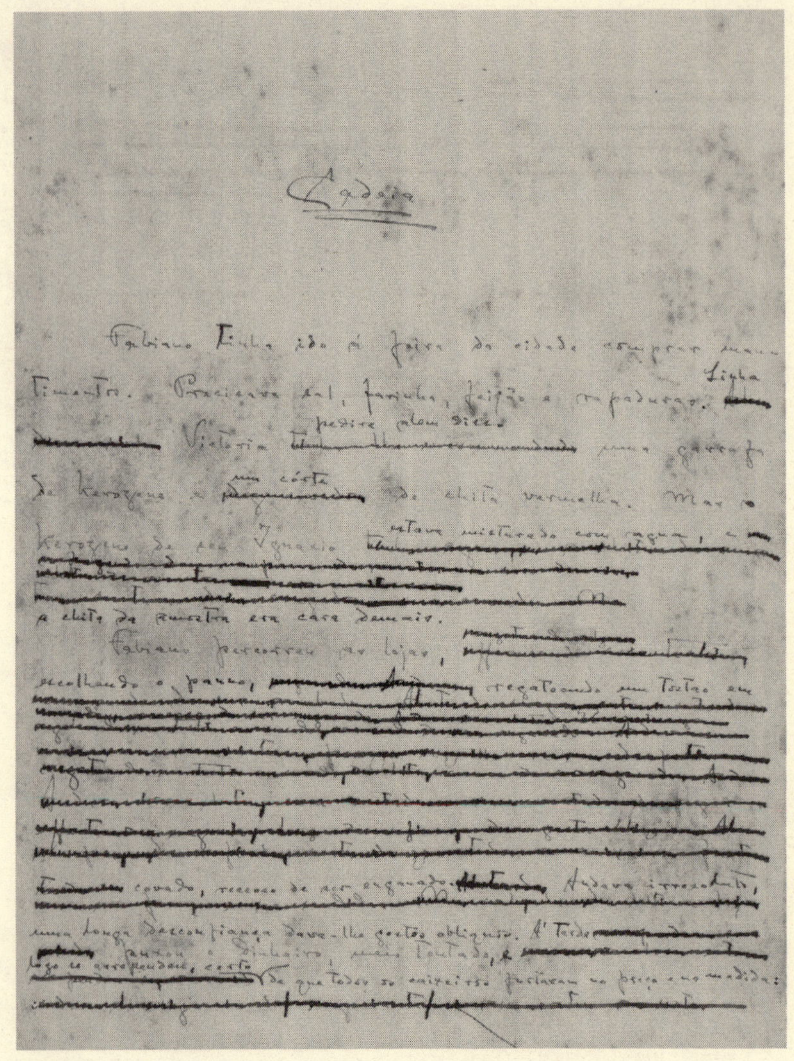

Cadeia

Fabiano tinha ido à feira da cidade comprar mantimentos. Precisava sal, farinha, feijão e rapadura. Sinha Vitória pedira, além disso, uma garrafa de querosene e um corte de chita vermelha. Mas o querosene de seu Inácio estava misturado com água, e a chita da amostra era cara demais.

Fabiano percorreu as lojas, escolhendo o pano, regateando um tostão em côvado, receoso de ser enganado. Andava irresoluto, uma longa desconfiança dava-lhe gestos oblíquos. À tarde puxou o dinheiro, meio tentado, e logo se arrependeu, certo de que todos os caixeiros furtavam no preço e na medida:

Página do manuscrito de "Cadeia", 21 jun. 1937
Arquivo Graciliano Ramos – IEB-USP

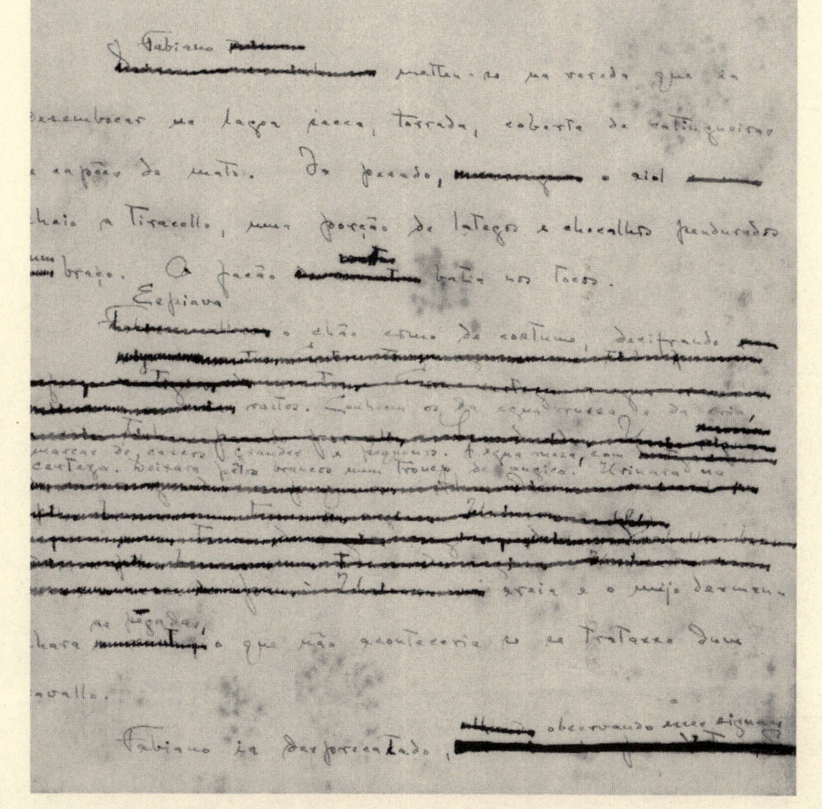

Página do manuscrito de "O soldado amarelo", 6 set. 1937
Arquivo Graciliano Ramos – IEB-USP

Aldemir Martins, gravura em metal, 24,4 x 12 cm
Col. Heloísa Ramos. Instituto de Estudos Brasileiros/USP

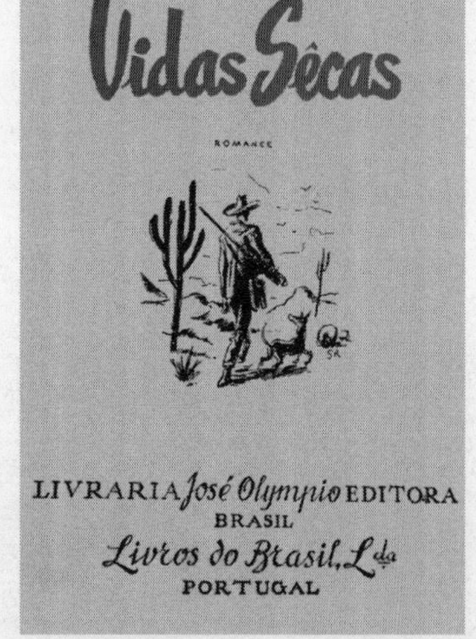

Capa de Tomás Santa Rosa para a 2ª edição de *Vidas secas* (1947), que circulou também em Portugal

Não demorara. A certeza do perigo surgira — e ele estava indeciso, de olho arregalado, respirando com dificuldade, um espanto verdadeiro no rosto barbudo coberto de suor, o cabo do facão mal seguro entre os dois dedos úmidos.

Tinha medo e repetia que estava em perigo, mas isto lhe pareceu tão absurdo que se pôs a rir. Medo daquilo? Nunca vira uma pessoa tremer assim. Cachorro. Ele não era dunga na cidade? Não pisava os pés dos matutos, na feira?

Não botava gente na cadeia? Sem-vergonha, mofino.

Irritou-se. Por que seria que aquele safado batia os dentes como um caititu? Não via que ele era incapaz de vingar-se? Não via? Fechou a cara. A ideia do perigo ia-se sumindo. Que perigo? Contra aquilo nem precisava facão, bastavam as unhas. Agitando os chocalhos e os látegos, chegou a mão esquerda, grossa e cabeluda, à cara do polícia, que recuou e se encostou a uma catingueira. Se não fosse a catingueira, o infeliz teria caído.

Fabiano pregou nele os olhos ensanguentados, meteu o facão na bainha. Podia matá-lo com as unhas. Lembrou-se da surra que levara e da noite passada na cadeia. Sim senhor. Aquilo ganhava dinheiro para maltratar as criaturas inofensivas. Estava certo? O rosto de Fabiano contraía-se, medonho, mais feio que um focinho. Hem? Estava certo? Bulir com as pessoas que não fazem mal a ninguém. Por quê? Sufocava-se, as rugas da testa aprofundavam-se, os pequenos olhos azuis abriam-se demais, numa interrogação dolorosa.

O soldado encolhia-se, escondia-se por detrás da árvore. E Fabiano cravava as unhas nas palmas calosas.

Desejava ficar cego outra vez. Impossível readquirir aquele instante de inconsciência. Repetia que a arma era desnecessária, mas tinha a certeza de que não conseguiria utilizá-la — e apenas queria enganar-se. Durante um minuto a cólera que sentia por se considerar impotente foi tão grande que recuperou a força e avançou para o inimigo.

A raiva cessou, os dedos que feriam a palma descerraram-se — e Fabiano estacou desajeitado, como um pato, o corpo amolecido.

Grudando-se à catingueira, o soldado apresentava apenas um braço, uma perna e um pedaço da cara, mas esta banda de homem começava a crescer aos olhos do vaqueiro. E a outra parte, a que estava escondida, devia ser maior. Fabiano tentou afastar a ideia absurda:

— Como a gente pensa coisas bestas!

Alguns minutos antes não pensava em nada, mas agora suava frio e tinha lembranças insuportáveis. Era um sujeito violento, de coração perto da goela. Não, era um cabra que se arreliava algumas vezes — e quando isto acontecia, sempre se dava mal. Naquela tarde, por exemplo, se não tivesse perdido a paciência e xingado a mãe da autoridade, não teria dormido na cadeia depois de aguentar zinco no lombo. Dois excomungados tinham-lhe caído em cima, um ferro batera-lhe no peito, outro nas costas, ele se arrastara tiritando como um frango molhado. Tudo porque se esquentara e dissera uma palavra inconsideradamente. Falta de criação. Tinha lá culpa? O sarapatel se formara, o cabo abrira caminho entre os feirantes que se apertavam em redor: — "Toca pra frente". Depois surra e cadeia, por causa de uma tolice. Ele, Fabiano, tinha sido provocado. Tinha ou não tinha? Salto de reiuna em cima da alpercata. Impacientara-se e largara o palavrão. Natural, xingar a mãe de uma pessoa não vale nada, porque todo o mundo vê logo que a gente não tem a intenção de maltratar ninguém. Um ditério sem importância. O amarelo devia saber isso. Não sabia. Saíra-se com quatro pedras na mão, apitara. E Fabiano comera da banda podre. — "Desafasta".

Deu um passo para a catingueira. Se ele gritasse agora "Desafasta", que faria o polícia? Não se afastaria, ficaria colado ao pé de pau. Uma lazeira, a gente podia xingar a mãe dele. Mas então... Fabiano estirava o beiço e rosnava. Aquela coisa arriada e achacada metia as pessoas na cadeia, dava-lhes surra. Não entendia. Se fosse uma criatura de saúde e muque, estava certo. Enfim, apanhar do governo não é desfeita, e Fabiano até sentiria orgulho ao recordar-se da aventura. Mas aquilo... Soltou uns grunhidos. Por que motivo o governo aproveitava gente assim? Só se ele tinha receio de empregar tipos direitos. Aquela cambada só servia para morder as pessoas inofensivas. Ele, Fabiano, seria tão ruim se andasse fardado? Iria pisar os pés dos trabalhadores e dar pancada neles? Não iria.

Aproximou-se lento, fez uma volta, achou-se em frente do polícia, que embasbacou, apoiado ao tronco, a pistola e o punhal inúteis. Esperou que ele se mexesse. Era uma lazeira, certamente, mas vestia farda e não ia ficar assim, os olhos arregalados, os beiços brancos, os dentes chocalhando como bilros. Ia bater o pé, gritar, levantar a espinha, plantar-lhe o salto da reiuna em cima da alpercata. Desejava que ele fizesse isso. A ideia de ter sido insultado, preso, moído por uma criatura mofina era insuportável. Mirava-se naquela covardia, via-se mais lastimoso e miserável que o outro.

Baixou a cabeça, coçou os pelos ruivos do queixo. Se o soldado não puxasse o facão, não gritasse, ele, Fabiano, seria um vivente muito desgraçado.

Devia sujeitar-se àquela tremura, àquela amarelidão? Era um bicho resistente, calejado. Tinha nervo, queria brigar, metera-se em espalhafatos e saíra de crista levantada. Recordou-se de lutas antigas, em danças com fêmea e cachaça. Uma vez, de lambedeira em punho, espalhara a negrada. Aí sinha Vitória começara a gostar dele. Sempre fora reimoso. Iria esfriando com a idade? Quantos anos teria? Ignorava, mas certamente envelhecia e fraquejava. Se possuísse espelhos, veria rugas e cabelos brancos. Arruinado, um caco. Não sentira a transformação, mas estava-se acabando.

O suor umedeceu-lhe as mãos duras. Então? Suando com medo de uma peste que se escondia tremendo? Não era uma infelicidade grande, a maior das infelicidades? Provavelmente não se esquentaria nunca mais, passaria o resto da vida assim mole e ronceiro. Como a gente muda! Era. Estava mudado. Outro indivíduo, muito diferente do Fabiano que levantava poeira nas salas de dança. Um Fabiano bom para aguentar facão no lombo e dormir na cadeira.

Virou a cara, enxergou o facão de rasto. Aquilo nem era facão, não servia para nada.

Ora não servia!

— Quem disse que não servia?

Era um facão verdadeiro, sim senhor, movera-se como um raio cortando palmas de quipá. E estivera a pique de rachar o quengo de um sem-vergonha. Agora dormia na bainha rota, era um troço inútil, mas tinha sido uma arma. Se aquela coisa tivesse durado mais um segundo, o polícia estaria morto. Imaginou-o assim, caído, as pernas abertas, os bugalhos apavorados, um fio de sangue empastando-lhe os cabelos, formando um riacho entre os seixos da vereda. Muito bem! Ia arrastá-lo para dentro da catinga, entregá-lo aos urubus. E não sentiria remorso. Dormiria com a mulher, sossegado, na cama de varas. Depois gritaria aos meninos, que precisavam criação. Era um homem, evidentemente.

Aprumou-se, fixou os olhos nos olhos do polícia, que se desviaram. Um homem. Besteira pensar que ia ficar murcho o resto da vida. Estava acabado? Não estava. Mas para que suprimir aquele doente que bambeava e só queria ir para baixo? Inutilizar-se por causa de uma fraqueza fardada que vadiava na feira e insultava os pobres! Não se inutilizava, não valia a pena inutilizar-se. Guardava a sua força.

Vacilou e coçou a testa. Havia muitos bichinhos assim ruins, havia um horror de bichinhos assim fracos e ruins.

Afastou-se, inquieto. Vendo-o acanalhado e ordeiro, o soldado ganhou coragem, avançou, pisou firme, perguntou o caminho. E Fabiano tirou o chapéu de couro.

— Governo é governo.

Tirou o chapéu de couro, curvou-se e ensinou o caminho ao soldado amarelo.

Notas

1. RAMOS, Graciliano. "O soldado amarelo". Manuscrito datado de 6 de setembro de 1937, pertencente ao Instituto de Estudos Brasileiros: Arquivo Graciliano Ramos; Manuscritos; *Vidas secas*; GR-M-01.12. Foi publicado em *Momento Feminino*, Rio de Janeiro, mar./abr. 1953, ano VI, n. 99, pp. 6, 14. Consta de *Vidas secas*.

Posfácio
Lampião de palavras: Graciliano Ramos

IEDA LEBENSZTAYN E THIAGO MIO SALLA

"Armas terríveis", as letras pedem o tempo

Em sua raiz, a palavra *cangaço*, de *canga*, "peça de madeira que junta dois bois pelo pescoço e os liga a carro ou arado", está atrelada à esfera do trabalho de vaqueiros. Significando também "pau assentado nos ombros para transportar objetos", remete ao fardo de armas e objetos que os cangaceiros, nômades, carregavam. À semelhança de *cangaceiro*, *bandoleiro* é "aquele que carrega *bandola*, cinto do qual pendem cartucheiras de pólvora". E *bandidos* são os banidos, assinalados em *bando* pelo desterro.[1]

Assim, rastreando a origem dessas palavras, esboça-se um círculo vicioso, da ordem do trabalho explorado, do banimento, à esfera da violência. É justamente a etimologia dos *cangaços* — em seu teor de selvageria de homens que carregam um fardo, de origem econômica — que se delineia nos artigos de Graciliano Ramos aqui reunidos.

Escrevendo para jornais, ele enfrentava o impasse de se aproximar do *cangaço*, ao procurar compreendê-lo, e de se distanciar dele, afinal, essencialmente, a palavra escrita se afasta da violência. Porém, observe-se: com seu sensacionalismo, a imprensa da época contribuía para a naturalização da barbárie. Sobrava a Graciliano a consciência crítica quanto a isso.

Então, paradoxo angustiado que ressalta da força dos artigos de Graciliano, ecoa para os leitores a dúvida quanto às possibilidades da palavra escrita num mundo de violência. Vem à mente a crônica "Jornais", de *Linhas tortas*[2], em que ele ironiza o prazer de certa imprensa de noticiar uma pancadaria entre romancistas: o repórter ignorava que, pacatos, avessos a espalhafatos e dispondo de palavras como armas, os escritores só são capazes de matar no papel. Graciliano reconhece que eles têm às vezes o "desejo de ser brutos", mas não conseguem empregar o "argumento" da força, aquele que se mostra eficaz no mundo. Seu exercício é sentar-se e "curvar o espinhaço, encostar o nariz à mesa, afastar-se da realidade", levantar-se apenas para consultar um livro na estante. Prazer raro, exigente do tempo, a entrega à arte descrita em "Jornais" é a "obstinação concentrada" e o gastar uma "eternidade no arranjo de ninharias", que se consubstanciam numa obra singular como as urupemas feitas pelo avô, apresentadas em "Manhã", de *Infância*.[3]

Nesse processo, a sensibilidade de Graciliano Ramos ganha forma junto com sua consciência de escritor, de quem observa a realidade de sofrimentos dos homens e escolhe as palavras, numa atitude de distanciamento crítico em relação ao lugar-comum de violência. A mediação pela palavra literária, ao demandar e criar o tempo largo da concentração intelectual, singulariza-se ante o mundo imediato de atrocidades.

Desse modo, a revolta contra o sensacionalismo da imprensa e contra a violência naturalizada como argumento tem por contraparte a aposta no poder ético e poético das palavras, apesar da desconfiança em relação aos homens. As palavras são capazes de concentrar introspecção, circunspecção e respeito — o olhar para si, para o outro, para trás, para a história. E aqui se anuncia a marca não só dos textos sobre cangaço ora coligidos, mas também dos dramas configurados nos romances do escritor: condensando a riqueza da raiz comum — *specio* — das palavras *introspecção*, *circunspecção* e *respeito*, a *perspectiva* de Graciliano sobressai por sua busca de compreensão de si e das diferenças, dos fatores das ações humanas, atitude que implica recusar a violência e o falseamento da realidade.

Cangaceiros de papel

Constituiu-se na literatura brasileira uma tradição de obras sobre o banditismo e o messianismo "como efeito da miséria, dos latifúndios, das secas, das migrações", retomadas aqui palavras de Alfredo Bosi:[4] *O cabeleira* (1876), de Franklin Távora; *A fome* (1890) e *Os brilhantes* (1895), de Rodolfo Teófilo; *O rei dos jagunços* (1899), de Manuel Benício; *Os cangaceiros* (1912), de Carlos D. Fernandes.

Vale mencionar *Memória sobre a Pedra do Reino ou Reino Encantado na Comarca de Vila Bela Província de*

Pernambuco (1875), de Antônio Attico de Souza Leite, e *O Reino Encantado: crônica sebastianista* (1878), de Araripe Júnior, "antecedentes literários"[5] de *Pedra Bonita* (1938), obra de José Lins do Rego, e do *Romance D'A Pedra do Reino e o Príncipe do Sangue do Vai-E-Volta* (1971), de Ariano Suassuna. Da tradição de histórias de jagunços: *Os sertões* (1902), de Euclides da Cunha; *Grande sertão: veredas* (1956), de Guimarães Rosa; e obras mais recentes que retomam a figura de Lampião: *Os desvalidos* (1993) e *Cabo Josino Viloso* (2005), de Francisco J. C. Dantas.

Como se sabe, o cangaço motivou intensamente a literatura de cordel, e também versos de Jorge de Lima, Ascenso Ferreira, Murilo Mendes, João Cabral de Melo Neto, dentre outros poetas. A presença de Lampião era tão marcante nos anos 1930, que na *Revista Nova* (1931-2), de São Paulo, dirigida por Mário de Andrade, Paulo Prado e Antônio de Alcântara Machado, Mário escreveu, sob o pseudônimo Leocádio Pereira, o "Romanceiro de Lampião".[6]

Consideremos em especial a prosa iniciada no Nordeste nos anos 1930. Cangaço e fanatismo religioso foram questões que afligiram os colaboradores do semanário alagoano *Novidade* (1931), como Valdemar Cavalcanti, Graciliano, Aurélio Buarque. Várias obras literárias se centraram em tais questões: o romance *Calunga* (1935), em que Jorge de Lima se utilizou das figuras de Lampião e de um santo milagreiro para denunciar a miséria dos trabalhadores da lama; o conto "Feira de cabeças" (1938), de Aurélio Buarque de Holanda; o romance *Coiteiros* (1935), de José Américo de Almeida; os já referidos *Pedra Bonita* (1938) — a partir do qual Graciliano escreveu o ensaio aqui apresentado, "Dois irmãos" —, *Cangaceiros* (1953), além de *Menino de engenho* (1932), *Fogo morto* (1943) e *Meus verdes anos* (1956), de José Lins do Rego; *Capitães da areia* (1937) e *Seara vermelha* (1946), de Jorge Amado; e a peça *Lampião* (1953), de Rachel de Queiroz.[7]

Diversamente dessas obras, cumpre reiterar que, tendo Graciliano se ocupado, em vários artigos, dos problemas relacionados ao cangaço, eles ganharam forma artística em seus romances, mas não por meio da representação de bandoleiros que atuassem diretamente nos entrechos, e sim de dramas vinculados ao mesmo fator político-econômico que levava ao cangaço.

Novidade: uma entrevista com Lampião

"No próximo número: uma entrevista de Lampião à NOVIDADE".[8] Tal anúncio, confirmado na *Novidade* 6, dá a medida do interesse do público pela figura do cangaceiro. A intenção do diálogo imaginário[9] era relativizar a mistificação do herói, procurando entrevê-lo como pessoa e compreender as tensões sociais por ele representadas.

Uma das páginas mais sugestivas da *Novidade*, a entrevista fictícia com Lampião reúne crítica social e autoironia. Logo é salientado o "prestígio terrível" do cangaceiro: nome nacional, ele já entrara no folclore, na poesia e no romance. O tom autoirônico da apresentação começa a ganhar forma ao declarar-se que a entrevista, negócio rendoso, visava a agradar aos fregueses e amigos do semanário. A ironia prossegue na menção a um hipotético pedido de auxílio a oficiais da polícia, os quais, por modéstia, teriam recusado o contato com o bandido, alegando não serem repórteres. Eis que, autoironia máxima, confessa-se a artimanha utilizada para contornar a impossibilidade de um encontro com o "notável salteador": "um dos nossos redatores, antigo sócio de centros esotéricos, deitou-se, acendeu um cigarro, fechou os olhos e conseguiu, por via telepática, a seguinte entrevista".

Angariando, pois, a simpatia do leitor por meio do riso, a *Novidade* desmascara a polícia como covarde, arbitrariamente violenta contra os fracos, e brinca com a face comercial da imprensa e com sua capacidade "telepática", de criar verdades expondo os fatos segundo seus interesses.

O diálogo imaginário com Lampião é marcado por humor, na medida em que se extrai da imagem cruenta do cangaceiro a visão autoirônica da covardia do entrevistador. Pontuando a própria inverossimilhança, a entrevista inicia-se com a descrição da hospitalidade do bandoleiro, expressão de uma realidade violenta e precária: Lampião recebeu o representante de *Novidade* "com o punhal na mão direita e o rifle na esquerda" e ofereceu-lhe uma pedra para descansar.

Quando o entrevistador se apresenta para o cangaceiro, o nome da revista provoca a contrariedade deste, configurando-se uma passagem cômica e realista, em que a linguagem, viva, expressa a simplicidade, a cautela e a imediatez de violência desse sertanejo: avesso a novidades, desconfiado de traições, preocupava-se com sua sobrevivência, dispondo-se logo a matar o policial ou espião e inspirando terror.

— Novidade? Pois eu não quero saber de novidades. Aqui ninguém conta novidades. Foi por causa das novidades que o Sabino levou o diabo. E não gosto de gente que assunta. O senhor é macaco ou bombeiro?

Sentimos um baque no peito.

— Deixe disso, capitão, não se afobe. NOVIDADE é um jornal.

Na entrevista, concessão da palavra ao bandido porém com a mediação escrita do artista, está contido o impasse dos intelectuais em relação ao cangaço. A expressão do pânico do entrevistador sinaliza sua recusa da violência como solução contra injustiças; ao mesmo tempo, a consciência de que muitos jornais imprimem tapeações alerta para a necessidade de os periódicos serem sérios e úteis, abandonarem a covardia e combaterem injustiças por meio da palavra escrita.

— Um jornal?

— Sim, senhor, um papel com letras para embromar os trouxas. Mas o nosso é um jornal sério, um jornal de bandidos. É por isso que estou aqui. Um jornal sisudo. Temos colaboradores entre as principais figuras do cangaço alagoano, temos correspondentes...

Desse modo, segundo a estratégia ficcional da entrevista, a intenção de persuadir Lampião a falar possibilita à *Novidade* declarar-se um "jornal de bandidos", voltado a denunciar as iniquidades da ordem estabelecida. Com autoironia, depois de aludir ao "lampionismo em literatura", o jornalista esclarece para o cangaceiro que *entrevista* é uma "tapeação" em que nem sempre os interlocutores precisam se encontrar: "O senhor larga umas lorotas eu escrevo outras e no fim dá certo." Recorde-se, de *Infância*, a desconfiança do pai de Graciliano em relação aos livros, porque "papel aguenta muita lorota":[10] traduz o potencial e os limites da palavra escrita e, portanto, o imperativo ético de quem se dedica a ela.

A entrevista versa, então, sobre questões sociais gritantes à época, enumeradas na manchete: os direitos de propriedade, o progresso, a justiça, os coronéis, o cangaceirismo. Caracterizando Lampião com linguagem e opiniões simples e diretas e qualificando-o como "amável facínora", *Novidade* entrevê, no tipo do cangaceiro cruel, o rosto de um sertanejo sofrido, devoto do padre Cícero. Permite compreender-se que a proximidade com a natureza delineia o homem "amável", simples, e o tipo "facínora", o qual abafa o primeiro. O sentido de propriedade para Lampião evidencia a naturalidade da violência em seu mundo. Em sua "vida agreste", para usar a expressão de Graciliano referente a Paulo Honório, aprendeu que o sujeito é dono daquilo que "agadanha" para si. Com franqueza, acha besteira essa história de propriedade: "Isso por aqui é nosso: gado, cachaça, mulher, tudo. É de quem passar a mão, entende?"

Analogamente, entende que, forma mais usada e infalível, a justiça é tocar fogo no inimigo. Aprecia também a justiça dos autos, por conhecê-la demorada e feita da maroteira de promotores e jurados. E aqui se nota a ironia da revista em relação à retórica bacharelesca e à prática de arranjos pessoais dos advogados, o que nos faz pensar em personagens a que Graciliano daria vida, como Evaristo Barroca e dr. Castro, de *Caetés*.

Das respostas de Lampião apreende-se seu modo de ser simples e um egoísmo próprio de quem enfrentava luta brutal pela sobrevivência. Não tinha queixa da civilização, desde que lhe favorecesse, e apreciava os prazeres proporcionados pelo progresso. Sertanejo, não usava sapatos, mas bebia conhaque e gostava de vitrolas. Não reclamava dos doutores, pois nunca lhe haviam feito mal; considerava-os uns inocentes, que "estudam nos papéis e falam muito" (perspectiva esta que lembra o olhar de Paulo Honório em relação às "tolices literárias" e ao pernosticismo do periodista Gondim, em *S. Bernardo*).

Numa crítica feroz contra a ordem social, mantida à custa da miséria alheia, a *Novidade*, por meio de Lampião, alveja a carestia e a exploração do trabalho no campo. O cangaceiro declara que seus roubos não lhe davam lucro, afinal não havia o que roubar; nem o povo apreciava ter tanto dinheiro, tão cara estava a vida. Porém, ele explicita enfaticamente que "nem pelo diabo" largaria o cangaço para trabalhar na enxada.

Em sua comicidade, a queixa do bandoleiro quanto à falta de objetos roubáveis deixa ver a miséria do sertão, em que a propriedade de terra é o grande valor, de poucos. Faz lembrar "Desordens", crônica de Graciliano Ramos aqui incluída, e as anedotas a respeito do pessimismo dele, como o diálogo sobre a vida difícil dos homens que escrevem no Brasil. Depois de Otto Maria Carpeaux declarar que "a solução será sairmos por aí pedindo esmola!", Graciliano teria respondido, surpreso: "A quem, homem de Deus?"[11]

Ao fim da entrevista, ao se confirmar o egoísmo de Lampião, certamente cruel, configura-se no entanto um realismo desmistificador. O bandido se afirma indignado com os cidadãos que, sem nunca terem visto o sertão, falavam deste. E, sob a ótica de seus interesses, ao relatar que tinha boas relações com um bando de coronéis, pondera haver alguns "metidos a bestas" e outros "pessoas direitas". Assim, surpreendem-se na entrevista imaginária com o cangaceiro alguns posicionamentos críticos semelhantes aos que Graciliano defenderia em sua produção ensaística voltada ao fazer literário, e que viriam a embasar-lhe os romances: a necessidade de observação dos fatos, de compreensão do "fator econômico" nas ações humanas e a relativização das verdades.[12]

O bandido com a palavra

É esclarecedor saber que "Lampião", de Graciliano Ramos, foi escrita em Alagoas em 1931, para a revista *Novidade*. Atitude marcante no futuro romancista consagrado, a intenção da crônica não é julgar o indivíduo Lampião, mas compreender o lampionismo.

Graciliano começa por desmistificar o heroísmo dos cangaceiros, apontando que sofreram no início da vida muitas injustiças e violência. "Herói de arribação bastante chinfrim", Lampião foi explorado como trabalhador de enxada, preso injustamente, maltratado na cadeia da vila, porém resignado às vontades do coronel.

Na sequência, o escritor explica que a fome, podendo converter os sertanejos em retirantes, rumo ao Acre, a São Paulo, muitas vezes fazia-os apelar para a violência: "o que transformou Lampião em besta-fera foi a necessidade de viver". Assim, desnuda criticamente o problema da naturalização da violência: com fome, o sertanejo, como "bicho montado", passou a matar e roubar; era natural que se vingasse do soldado e do delegado que o haviam pisado e do proprietário "que lhe deixava a família em jejum".

Com sensível e aguda compreensão da realidade terrível dos cangaceiros, Graciliano mostra que a sobrevivência os obrigava a serem cruéis e a manterem vivo o sentimento de terror que inspiravam. Vivendo perto da natureza, não se impressionavam com as violências que indignam "criaturas civilizadas".

> Lampião é cruel. Naturalmente. Se ele não se poupa, como pouparia os inimigos que lhe caem entre as garras? Marchas infinitas, sem destino, fome, sede, sono curto nas brenhas, longe dos companheiros, porque a traição vigia...

Imagine-se como essa análise de Graciliano, revelando o impasse da naturalização da violência e desmascarando-lhe os fatores econômicos, foi recebida na época. Essa compreensão de um fato que aterrorizava a todos era certamente uma novidade: permitia partilhar-se a perplexidade ante a violência tornada lugar-comum e tinha o potencial de criar consciência crítica quanto a um problema político e social.

No passo seguinte, como a cobrar de si próprio e dos leitores uma reação ao estado de coisas, Graciliano acusa a covardia dos pretensamente civilizados, que, diferentemente da realidade crua de Lampião, recebem ordenado, depositam dinheiro no banco, escrevem em jornais. Angustia-se com sua inutilidade de intelectual, subserviente diante dos professores, dos chefes e dos jornais. Por fim, reconhecendo-se próximo de Lampião na revolta contra o mundo, ironiza que talvez tenha a energia do cangaceiro, porém adormecida "pela verminose e pelos adjetivos idiotas" que lhe ensinaram na escola. Desse modo, reage contra as instituições que, representantes da ordem estabelecida, conservam a miséria e a ignorância de muitos.

Dois cangaços: o fator social e o econômico

Das treze crônicas em que Graciliano Ramos abordou o problema do cangaço, "Sertanejos", "Lampião" (1931) e "Comandante dos burros" (1933) foram escritas em Alagoas, e as demais no Rio de Janeiro depois de janeiro de 1937, ano em que o escritor saiu da cadeia: "A propósito de seca" (1937), "Virgulino", "Antônio Silvino", "Dois irmãos", "Dois cangaços", "Cabeças", "O fator econômico no cangaço", "Dois cangaços", "Desordens", publicadas em 1938, "Corisco" (posterior a 25 de maio de 1940, morte desse cangaceiro), além de "D. Maria" (1941).

Essas crônicas partem do pressuposto assentado nas reflexões feitas em "Lampião": seu objeto não é o indivíduo Lampião, mas o lampionismo, que angariava muitas pessoas, vítimas da miséria.

Nas crônicas "Dois cangaços" e "O fator econômico no cangaço", esta publicada no *Observador Econômico e Financeiro* com o título "O fenômeno do cangaço", bem como em "A propósito de seca", "Antônio Silvino", "Virgulino" e "Corisco", Graciliano apresenta a diferenciação entre o lampionismo dos anos 1930 e o cangaço antigo, do "tipo heroico" do século XIX.

Explica que, até o começo do século XX, os bandos, pequenos, incluíam homens necessitados, mas eram chefiados por pessoas de consideração. Surgiam por questões de honra ou brigas políticas, muitas vezes entre proprietários perseguidos por vizinhos mais poderosos. O cangaço constituía um fenômeno social, agravado por fatores econômicos.

Depois, tornou-se um fato mais sério e monstruoso, originado de dificuldades econômicas dos sertanejos, consequentes da falta de administração, da agricultura atrasada, indústria precária, exploração do trabalhador rural. A educação eram as quadrilhas, "escolas ambulantes". A "democratização do cangaço" decorreu do aumento da população numa terra muito pobre: em época de seca, a fome obrigava grande massa de sertanejos a bandearem-se para junto dos criminosos. Nesse sentido, Graciliano ataca a frase feita que enaltece a fecundidade da terra, otimismo nacional mistificador, cego à incapacidade dela e de seus administradores para alimentar tanta gente. E condena as violências das forças volantes contra matutos indefesos, mais uma injustiça a levá-los ao cangaço.

Graciliano detém-se também na história de Corisco, neto de senhor de engenho e filho de um coronel que, fanático pelo padre Cícero, se arruinou com as viagens a Juazeiro. Após a usina comer o engenho, passou a obedecer a Lampião e à "lei da necessidade". Conforme o escritor observa em "Corisco", no Nordeste havia indivíduos muito em cima, outros muito embaixo e alguns, como o cangaceiro que nomeia a crônica, no meio e obrigados a descer, por fim "degenerados pela miséria".

Desmascarando como origem do cangaço a miséria de uma terra muito povoada, aponta na crônica "Virgulino", de janeiro de 1938, as falsas verdades construídas pela imprensa em torno da desejada morte de Lampião. Desvenda que, distante de uma visão romântica de herói cavalheiresco, atribuída aos cangaceiros antigos porque eram amigos da propriedade, Lampião era uma besta-fera, não um homem que desmanchava injustiças. Não possuindo bens, os bandoleiros nada tinham a poupar a não ser suas vidas, inúteis. Sobretudo, Graciliano recusa a ingenuidade de supor que a morte do cangaceiro significaria o desaparecimento das "monstruosidades" da vida no Nordeste resumidas nele, como se essa morte acabasse com a seca e com a miséria. E a ênfase do cronista nessas questões revela criticamente a política do Estado Novo, mais interessado em glorificar-se com o combate ao bandido do que em resolver os problemas.

Em "Desordens", Graciliano ironiza o sensacionalismo da imprensa em relação à violência e, a um tempo, combate o estereótipo da índole pacífica do povo brasileiro. Mostra ser necessário reconhecer que a realidade de violência não derivava apenas dos "discípulos de Lampião", mas principalmente dos proprietários, dos policiais e do governo, mantenedores da pobreza de muitos. Os poderosos da região não queriam a morte de sertanejos de ordinário maltratados covardemente, pois significava perderem trabalhadores e eleitores.

Conforme se lê na ambiguidade criada por Graciliano, as autoridades eram tão violentas quanto os cangaceiros, "sujeito oculto" nesta passagem:

> [...] Felizmente o prefeito e outros cavalheiros de influência [...], depois da saída dos cangaceiros, foram procurá-los na zona das operações, onde não os encontraram, naturalmente.
>
> Prejuízo considerável: consta que *mataram gente, surraram homens pacatos, roubaram dinheiro e joias. Os bandidos, é claro.* Com certeza levaram pouco dinheiro e muito poucas joias, que Lagoa da Areia e Canafístula são pobres demais. Talvez até nem tenham achado joia nenhuma e as mencionadas no telegrama figurem nele como enfeite, para dar brilho e importância a esses vagos lugarejos. [grifos nossos]

Dessa forma, como na entrevista de Lampião na *Novidade,* Graciliano denuncia inverdades da imprensa e uma realidade de miséria, em que faltavam para os sertanejos objetos roubáveis, entretanto lhes sobrava a violência, do cangaço, da polícia, dos patrões, do governo.

Homens sem cabeça

"Cabeças" exige atenção. Aprofunda dois motivos fundamentais de "Lampião" e da entrevista. O primeiro é a consciência autoirônica do intelectual, de que a palavra pode ser manipulada para construir verdades, tanto para criar e enaltecer heróis, como para desmistificá-los. O segundo é a busca do rosto do homem por trás do tipo social, a compreensão para com o sertanejo simples a quem a necessidade de viver e os maus-tratos recebidos do patrão e do soldado transformaram em besta-fera.

Mas em "Cabeças" a consciência autoirônica do intelectual é dramática. Porque precisa escancarar que a palavra pode ser usada para tentar justificar a barbárie. E desvelar que esse discurso vem do mesmo poder covarde e arbitrário, acostumado a pisar nos sertanejos pobres.

Um dos componentes do alcance crítico da crônica é evocar o jornalismo que acrescenta inverdades a um assunto frívolo com o intuito de lhe dar relevância — a vencedora de um concurso de beleza precisa ser descrita para o público como leitora de Lins do Rego. Graciliano tem em mira o discurso do tenente Bezerra, que, após matar Lampião (em Angico, Sergipe, a 28 de julho de 1938) e expor uma "bela coleção de cabeças", declarou extinto o cangaço. Com sua ironia, Graciliano acusa de um só golpe o repórter embelezador de notícias, a população de Sant'ana do Ipanema, capaz de festejar as cabeças, e o tenente Bezerra, que, matador e degolador de cangaceiros, era metido a orador patriótico. Se cumpria impedir a violência do cangaço, tão noticiada pela imprensa, as ações cruéis dos policiais, do governo, eram também barbárie, e eles ainda se proclamavam heróis em meio à realidade de miséria e brutalidade que ajudavam a sustentar.

A ironia de Graciliano é máxima contra a barbárie e sua naturalização, promovida em muito pelo discurso do poder, pronto a justificá-la. Desmontando o cinismo do discurso dos tenentes assassinos, insinua que pessoas muito sensíveis não suportariam a fotografia de cabeças fora dos corpos e precisariam de uma explicação. Assim, desnuda o horror de um homem ser perito na "arte de cortar cabeças" e querer justificar-se.

> [...] Cortar cabeças nem sempre é barbaridade. Cortá-las no interior da África, e sem discurso, é barbaridade, naturalmente; mas na Europa, a machado e com discurso, não é barbaridade. O discurso nos aproxima da Alemanha. Claro que ainda precisamos andar um pouco para chegar lá, mas vamos progredindo, não somos bárbaros, graças a Deus.

Desse modo, em "Cabeças", Graciliano ironiza a um tempo a barbárie da Alemanha nazista e a dos dominantes no Brasil, condenando por inaceitáveis suas ações desumanas, o preconceito e os discursos de pretensa civilização.

Segundo relata Élise Grunspan-Jasmin,[13] no quadro das relações de colaboração entre a Alemanha nazista e o governo Vargas, um instituto de Berlim chegou a solicitar o crânio de Lampião para estudos. De fato, as cabeças dos cangaceiros tornaram-se peças do Museu de Antropologia Criminal do Instituto Nina Rodrigues da Bahia (e foram enterradas somente em 1969). Élise pondera que, se a mutilação das vítimas pelos cangaceiros estava enraizada nos procedimentos de uma sociedade pastoril, por outro lado a profanação de cadáveres e a ausência de sepultura eram tidas como sacrilégio no sertão. Como se sabe, a população sofria com a violência do cangaço e também das forças volantes. Nesse sentido, o extermínio de Lampião representou um alívio, mas, por outro lado, conforme assinala Élise Grunspan, serviu para a glorificação do Estado Novo pela imprensa a serviço da ditadura. A estudiosa relembra, ainda, a tradição do país de origem colonial e escravocrata de arrancar cabeças: Zumbi (1695), Tiradentes (1792), o negro Lucas da Feira (1854), Antônio Conselheiro (1897), Lampião (1938).

Sendo assim, desde "Lampião" até o horror máximo de "Cabeças", Graciliano apreende uma sociedade em que a violência era lugar-comum a igualar a todos, em especial coronéis, policiais, governantes, jornalistas sensacionalistas e cangaceiros.

Esse quadro demanda que se apresente o sentido da "ética do rosto", síntese de um pensamento de Emmanuel Lévinas, resistente à barbárie. É a ética a partir da relação com o rosto do outro. Incontível, o rosto fala, é expressivo: a um tempo está exposto à violência e pede misericórdia, proíbe de matar. Frente a frente com outra pessoa, todo rosto traz uma fragilidade, uma nudez, e, ao mesmo tempo, uma elevação, pois é uma expressão única da vida. Então, a subjetividade se define como responsabilidade pelo outro: ser sujeito é, etimologicamente, *sujeitar-se* a outrem, o que perfaz a "suprema dignidade do único".[14] Mesmo que se admita, com o próprio Lévinas, o traço utópico dessa concepção, surge muito fecunda a imagem do rosto, alteridade eterna, como pedido de ética. Sua consequência é a compreensão do sujeito como responsável pelo outro, o que implica a ética como busca infinita. A percepção de serem os homens a um tempo frágeis e fortes em sua singularidade deveria redundar no respeito às diferenças e na impossibilidade de matar.

Aridez de caminhos

"Comandante dos burros" aproxima-se de "Lampião" e de "Sertanejos", crônica também publicada em *Novidade*. Tais escritos, que datam do início dos anos 1930, quando Graciliano ainda se encontrava em Maceió, parecem acompanhar os bastidores de sua criação literária. Ele rejeita generalizações, para revelar, na especificidade do fator econômico em que surge o tipo social, as situações e os dramas pessoais que singularizam suas personagens, em especial as destituídas de condições de vida.

Em "Sertanejos", o escritor indica o modo estereotipado como o habitante do litoral, a gente da cidade, via o sertanejo: pitoresca mistura de retirante, beato, índio e cangaceiro, ele surge faminto, esfarrapado, devoto do padre Cícero; meio selvagem, é falso, preguiçoso e vingativo; com chapéu de couro e faca de ponta, sem morada fixa, desloca-se do Juazeiro para o bando de Lampião, abandona "facilmente" a família, bebe cachaça e "furta como rato".

Graciliano contesta esse estereótipo, criando uma imagem que adensa o aparentemente pitoresco: ao afirmar que os homens de sua terra podem ter "a cartucheira e os molambos", mas "por dentro", o escritor sinaliza a miséria dos sertanejos, sua revolta abafada ou transformada em violência na luta para sobreviver.

Sendo assim, o cronista apresenta ao leitor os caminhos possíveis dos sertanejos. Na maioria eram homens comuns explorados: trabalhadores e retirantes resignados. No entanto, alguns dos que haviam apanhado na cadeia entravam para o cangaço, outros passavam a opressores de sertanejos pobres depois de se tornarem soldados ou proprietários.

E aqui o leitor entrevê a mesma matéria histórica de injustiças e maus-tratos que seria a base dos caminhos dos sertanejos configurados nos romances de Graciliano: Fabiano e o soldado amarelo em *Vidas secas*; Paulo Honório, o proprietário explorador, em *S. Bernardo*.

Porém havia também os "lampiões semicivilizados",[15] pertencentes às classes média e alta, os exploradores, os encantados com modernidades importadas, dentre os quais o leitor reconhece figuras de *Caetés*: o farmacêutico, o tabelião, o redator da folha semanal, os comerciantes que podem viver cochilando ou tesourando a vida alheia, os doutores, os políticos arrivistas. Desejam o progresso que admiram no cinema americano e adotam, no comércio e na política, as ladroeiras e o blefe do pôquer.

Em "Comandante dos burros", além do cangaço, Graciliano aponta "três saídas" para os sertanejos pobres: a morte por fome, a migração para o sul ou a farda de polícia. Enfatiza que, habituados a apanhar — dos pais e familiares, do proprietário, do cangaceiro —, aceitavam com resignação, quase com indiferença, as surras na prisão; afinal, na expressão também incluída nesse texto, "apanhar do governo não é desfeita".

Eis que alguns sertanejos sentiam vontade de vingar-se: pediam um cartão do juiz de direito, viajavam para a capital e voltavam transformados. Com uniforme cáqui e "terrivelmente bestas", desconheciam os amigos e os nomes das coisas mais comuns, dormiam demais, iam aos batuques e provocavam brigas, pisavam os pés dos indefesos, batiam nas prostitutas, bebiam junto com o inspetor e o subdelegado. Graciliano ironiza a importância desses horríveis preguiçosos, alguns dos quais tinham por encargo tomar conta dos burros que haviam sido usados para afugentar Lampião quando esteve em Palmeira dos Índios: eram os "comandantes de burros".

Lampião de palavras

Com vistas a refletir sobre o modo como a questão do cangaço se desdobrou na formação da obra do romancista, cumpre retomar a análise de "Lampião". O motor da crônica é a ambivalência de Graciliano entre o sentimento de revolta contra as injustiças, o qual o faz identificar-se com a figura do bandoleiro, e a consciência dilacerada de ser inútil como escritor, pois o universo letrado o distancia da ação do cangaceiro. Esse movimento de ver-se próximo e distante do outro, de Lampião nesse caso, condensa o caminho ético do romancista.

Ao identificar-se com Lampião, o escritor explicita a condição social dos sertanejos famintos, alguns dos quais se fazem Lampiões: o sofrimento de injustiças, a exploração do trabalho no eito, as humilhações pelo soldado, a prisão, o fatalismo resignado ante o coronel e o governo.

> No começo da vida sofreu [Lampião] numerosas injustiças e suportou muito empurrão. Arrastou a enxada, de sol a sol, ganhando dez tostões por dia, e o inspetor de quarteirão, quando se aborrecia dele, amarrava-o e entregava-o a uma tropa de cachimbos, que o conduzia

> para a cadeia da vila. Aí ele aguentava uma surra de vergalho de boi e dormia com o pé no tronco.
>
> As injustiças e os maus-tratos foram grandes, mas não desencaminharam Lampião. Ele é resignado, sabe que a vontade do coronel tem força de lei e pensa que apanhar do governo não é desfeita.

Como não ver, nessa caracterização, a "vida agreste" de Paulo Honório, protagonista de *S. Bernardo* (1934), que "sofreu sede e fome" antes de assumir a "profissão" de "explorador feroz"[16] dos trabalhadores do eito como ele o fora?

> Até os dezoito anos gastei [Paulo Honório] muita enxada ganhando cinco tostões por doze horas de serviço. [...] Sofri sede e fome, dormi na areia dos rios secos, briguei com gente que fala aos berros e efetuei transações comerciais de armas engatilhadas.[17]

E, sobretudo, o quadro de miséria e opressão que transforma pobres-diabos em bestas-feras anuncia a situação de Fabiano, protagonista de *Vidas secas* (1938), que, depois de preso injustamente e espancado, chega a sonhar-se um cangaceiro e pensa que "apanhar do governo não é desfeita".

> Então porque um sem-vergonha desordeiro se arrelia, bota-se um cabra na cadeia, dá-se pancada nele? Sabia [Fabiano] perfeitamente que era assim, acostumara-se a todas as violências, a todas as injustiças. E aos conhecidos que dormiam no tronco e aguentavam cipó de boi oferecia consolações: — "Tenha paciência. Apanhar do governo não é desfeita". ("Cadeia", *Vidas secas*.)

A ponte entre a crônica sobre Lampião e os romances de Graciliano traz elementos para se compreender melhor a construção das personagens Paulo Honório e Fabiano e de seus dramas. Para Lampião, segundo a crônica, a única saída foi a violência: resistir vivo era vingar-se contra o mundo dos proprietários, queimando fazendas, inspirando terror. Já Paulo Honório, após sofrer sede, fome e exploração, vingou-se, mas contra si mesmo, conforme tarde percebe: roubou, matou e fez-se proprietário dominador, até sentir a impotência de não haver compreendido Madalena e ter-lhe causado o suicídio. Quanto a Fabiano, seu "arrivismo" (do francês *arriver, à rive*, "chegar à margem, ao rio") é ser retirante, sobreviver fugindo às secas. Sofre com o desejo de se tornar um cangaceiro para se vingar do soldado amarelo.

Dessa forma, o leitor de Graciliano Ramos entende a importância de saber que "Lampião", "Sertanejos" e "Comandante dos burros" são de Alagoas, do início dos anos 1930. As três crônicas mostram como o escritor apreendeu, da matéria histórica de seu presente, alguns caminhos possíveis dos sertanejos pobres: integrarem-se à violência como cangaceiros ou como soldados; roubarem e matarem até se fazerem proprietários de terra; sobreviverem como retirantes, sofrendo as injustiças promovidas pelo patrão, pelo soldado e pelo governo. Observados tais caminhos, construiu seus romances, articulando a representação dessas relações sociais pautadas pela violência com a expressão dos conflitos subjetivos carregados por ela. Por combinar consciência histórica e sensibilidade, Graciliano foi capaz de conceber personagens para além de estereótipos: criou as figuras de Madalena e da família de Fabiano e, assim, presentificou os dramas do enxadeiro que se torna explorador de enxadeiros, e do retirante que, apesar das tantas injustiças, resiste a ser cangaceiro.

Ao fazer do remorso o motor para um sertanejo pobre tornado proprietário escrever um romance, e ao vislumbrar, no homem mais rebaixado à condição de bicho, o mais humano — ao lado da cadela Baleia, necessária e tragicamente morta por ele —, Graciliano combate estereótipos. É sua forma de enfrentar, por meio da arte, o impasse do intelectual num mundo de violência, em que parece vedada a possibilidade de mediações.

No segundo momento da crônica "Lampião", Graciliano lastima exatamente a sua covardia de sujeito letrado, se comparada à força do bandoleiro. Deixa entrever-se o impasse do intelectual brasileiro, que tem sentimento de culpa por sua impotência em meio às iniquidades do mundo. Tal impasse ganhou formalização plena em *Angústia* (1936), em que o funcionário e intelectual Luís da Silva se pretendeu um cangaceiro e matou o bacharel e negociante Julião Tavares. Irmanando-se a milhares de "figurinhas insignificantes",[18] dentre as quais os cangaceiros, desejou vingar-se das humilhações que lhe imputavam os donos de dinheiro e de propriedades.

Figuras de cangaceiros, representativas da história de Luís da Silva, compõem seu aturdimento: antes da decadência, o avô proprietário despertava o respeito de cangaceiros, por protegê-los e tirá-los da prisão; o bandoleiro Fabrício foi o primeiro homem assassinado que Luís da Silva viu, na cadeia pública. E sobretudo o acompanha a imagem de Cirilo de Engrácia, chefe de um subgrupo de Lampião, morto a 5 de agosto de 1935 em Mata Grande, Alagoas. Quando completava a escrita de *Angústia*, Graciliano deve ter visto no jornal uma fotografia medonha de Cirilo: o horror da foto é o cangaceiro no centro, em pé, cabelos compridos e cartucheira pendurada, ladeado simetricamente por dois pares de homens; porém, morto, amarrado a uma tábua, os olhos fechados e os pés suspensos, cercado de seus assassinos.[19] Surgindo apenas três capítulos antes do difícil enforcamento de Julião Tavares, a figura de Cirilo de Engrácia, cadáver vivo, integra a construção imagética, a representação social e a expressão de conflitos do romance: "defuntos em pé" a atormentar o protagonista são Marina, Julião, seu Ivo, seu Evaristo, o avô, o pai, as grávidas pobres e abandonadas, os vagabundos, ele próprio.

Ao fim da crônica "Lampião", do movimento de identificação e distância em relação ao cangaceiro, Graciliano insinua que a vingança contra as injustiças sociais, perpetrada pelo bandoleiro por meio da violência, talvez seja possível também pela literatura, pela educação, desde que autênticas. Aqui, inevitavelmente nos remetemos a *Infância*, logo ao primeiro capítulo, "Nuvens".

Dentre os *vagos clarões* que iluminaram Graciliano, um foi proporcionado por sua mãe. Embora rude, ela gostava de "matracar" contos da tradição oral. O escritor reconstitui versos de um desses contos, sobre um garoto pobre acolhido por um padre amancebado.[20] Para evitar indiscrições, o vigário dizia chamar-se Papa-hóstia,

Folgazona a amante, o gato era papa-rato, e o fogo, tributo. Crendo-se resguardados, o padre e a mulher maltratavam o menino. Porém, ele se vingou; pôs fogo no rabo do gato e fugiu, gritando:

> Levante, seu Papa-hóstia,
> Dos braços de Folgazona.
> Venha ver o papa-rato
> Com um tributo no rabo.[21]

Note-se que o primeiro movimento do menino Graciliano, vítima também de maus-tratos, foi admirar o menino pobre, capaz de um ímpeto vingativo de herói. No entanto, logo vem a ponderação de que não saberia agir mediante violência. Aula de precisão vocabular, fruto do trabalho intelectual e da confiança no potencial de transformação pelas palavras, observem-se estas emendas feitas pelo escritor — da versão de "Nuvens" publicada em 1941 na *Revista do Brasil*, indicada entre chaves, para a de *Infância*, 1945. Ao chamar pelo nome a *violência*, Graciliano indica que ser *forte* significa mais do que exercer a *vingança*:

> [...] Ouvindo a modesta epopeia, com certeza desejei exibir energia e ferocidade. [Por desgraça,] *Infelizmente* não tenho jeito para [semelhantes ações] *violência*. Encolhido e silencioso, aguentando cascudos, limitei-me a aprovar a coragem do menino [forte] *vingativo*.[22]

Fechando o primeiro capítulo, o adulto reflete sobre a necessidade de se relativizar o valor do heroísmo, numa sugestão de que as ações enérgicas, vingativas, de grande ostentação, muitas vezes escondem maior covardia. Esse pensamento, de implicações políticas e educacionais, corresponde à sua ética como artista da palavra escrita, para a qual importa construir imagens literárias que expressem a revolta contra injustiças.[23] Mas ele sabe que, tal qual na historieta contada por sua mãe, as associações criativas entre palavras e imagens podem promover engano ou libertação. A valentia de Graciliano foi, tendo experienciado injustiças desde criança, combatê-las por meio da dedicação aos romances, da "obstinação concentrada" no "arranjo de ninharias", atitude contrária a populismos e proselitismos de partidos políticos.

> Mais tarde, entrando na vida, [sempre calado e sempre esquivo,] continuei a venerar a decisão e o heroísmo, quando isto [aparece] *se grava* no papel e os gatos se transformam em papa-ratos. De perto, os indivíduos capazes de amarrar fachos nos rabos dos gatos nunca me causaram admiração. Realmente são espantosos, mas é necessário vê-los a distância, modificados.

Na versão de *Infância*, o escritor eliminou o aposto tão autodefinidor "sempre calado e sempre esquivo". Porém esse sentido de introspecção e recusa ao mundo violento fica condensado nas confissões de quem, "encolhido e silencioso", ao "entrar na vida" preferia as ações enérgicas convertidas em imagens literárias "gravadas no papel".

Assim, conhecendo-se o afastamento de Graciliano em relação a vinganças violentas como a do menino do conto, tem-se nova luz sobre as diferenças que o separam de Lampião. Precisava compreender-lhe os motivos da violência e então vê-lo a distância. Mais do que transformar a besta-fera Lampião na imagem do homem injustiçado que se vinga, Graciliano moveu-se pelo sentimento de culpa ante o mesmo mundo do sertanejo faminto: vingou-se no papel, com suas *armas insignificantes e terríveis* de *Lampião-astrônomo*,[24] construindo os dramas de Paulo Honório, Luís da Silva e Fabiano. Em *Infância* está o sentido de vingança em que se formou o romancista. Preso à realidade de violência, a fuga para a imaginação, o esforço de decifração das letras e a mediação pela literatura foram sua vingança, no sentido etimológico de libertação.[25] Do diálogo do adulto com as perplexidades, impressões e pensamentos do menino, sobressaem os componentes dessa vingança pela literatura: a sensibilidade, a consciência histórica e a potencialidade crítica de construir mundos reunindo palavras.

O cangaço, irmão do sonho: forças dispersas

Até então inédito em livro, "Dois irmãos" saiu em *Diretrizes* em setembro de 1938, como se disse, pouco depois de terem sido decapitados Lampião, Maria Bonita e cangaceiros do seu bando. O mote do artigo é *Pedra Bonita*, romance de José Lins do Rego lançado em 1938. Mas Graciliano não trata minuciosamente do livro, e sim de uma divisão nele presente, entre dois irmãos — o cangaceiro e o afilhado do padre. Com agudez, destaca que "a dispersão de forças" entre os irmãos, ambos desgraçados e sequiosos de mudanças, porém adeptos de "processos de salvação contraditórios", favorecia seus opressores.

É notável a força poética e crítica do artigo de Graciliano. Evocando as imagens de Esaú e Jacó, o bruto e o sonhador, mostra que fome e injustiças levavam sertanejos à brutalidade, à sede de vingança, daí o lampionismo; mas também podiam resultar em resignação, no potencial de piedade e de consciência crítica. E nesses caminhos possíveis dos sertanejos o leitor reconhece mais uma vez os impasses que enformam as personagens de Graciliano.

O "Esaú sertanejo" é Lampião: depois de aguentarem injustiças, muitos se entregavam ao cangaço, a assassinatos e roubos — reações violentas à exploração no eito, aos desmandos dos soldados, dos poderosos.

> Esaú é arrojado, tem o coração ao pé da goela e pouco interior. O que vem de fora não o penetra muito: bate e volta, traduz-se em movimento. E como o que recebe de ordinário é brutalidade, a brutalidade faz ricochete e atinge quem o ofendeu. [...] Por isso, quando na feira um soldado lhe planta a reiuna em cima da alpercata, apruma-se e rebenta-lhe o focinho com um murro, se o agressor está desacompanhado; se não está, vai esperá-lo numa volta de caminho, passa duas semanas emboscado [...]. Mata-o, fura-lhe a carótida com o punhal [...].

Essa imagem do Esaú sertanejo traz à mente o desejo irrealizável de Fabiano: tornar-se cangaceiro e matar os donos do soldado amarelo, os governantes. E como não pensar em Paulo Honório, cuja realidade de explorado se traduziu em movimento até que, assassino e ladrão, ele se fizesse proprietário explorador? Funcionário humilhado, Luís da Silva respondeu com ódio de "cangaceiro emboscado" a Julião Tavares, redundando no crime de *Angústia*.

Já o outro irmão, o Jacó sertanejo, é o homem capaz de sonhos, de gentileza, piedade e paciência. A miséria o acompanha:

> Jacob, homem de sonho, diverge muito do irmão. É doce, resignado, constrói escadas que anjos percorrem, aguarda longos anos a realização de promessas que julga ter recebido. Como as promessas não se efetuam, fica outros anos encolhido, espiando o céu. [...] esse homem piedoso continua miserável, habitante duma região medonha que certa literatura tem revelado indiscretamente.

Diversa dessa divisão de caracteres de *Pedra Bonita*, a arte da personagem Fabiano é carregar em si a tensão entre os "dois irmãos". Esaú e Jacó sertanejo, embora bruto e sedento de se vingar das injustiças, o retirante não mata o soldado: "guarda a sua força", é ético em sua resignação e apego aos sonhos de mudança junto à família. Também Paulo Honório e Luís da Silva têm uma face de Jacó: narradores de suas tragédias, doçura e piedade convertidas em angústia, são homens de sonhos frustrados.

Ressaltam do artigo a sensibilidade e o olhar crítico às incongruências do país, em que o intelectual, Lampião de palavras, entre o ímpeto revoltoso de Esaú e o sonhar compungido de Jacó, é combatido como "extremista". Graciliano alude com ironia à sua prisão (1936): a denúncia dos problemas da realidade brasileira, tornada chavão com a revolução de 1930, redundou em sofrimento para quem denunciava de fato, sem enfeites, os molambos.

Assim, "Dois irmãos" expressa o desejo do escritor de que se observasse o cangaço em sua complexidade: propalado como heroico pela imprensa, o assassínio de alguns bandoleiros pela força policial não significava o fim da miséria no Nordeste.

Fabiano, panela fervendo: mataria os que mandam

> Então porque um sem-vergonha desordeiro se arrelia, bota-se um cabra na cadeia, dá-se pancada nele? Sabia perfeitamente que era assim, acostumara-se a todas as violências, a todas as injustiças. E aos conhecidos que dormiam no tronco e aguentavam cipó de boi oferecia consolações: — "Tenha paciência. Apanhar do governo não é desfeita".
>
> Mas agora rangia os dentes, soprava. Merecia castigo?
>
> — An!
>
> E, por mais que forcejasse, não se convencia de que o soldado amarelo fosse governo. Governo, coisa distante e perfeita, não podia errar. O soldado amarelo estava ali perto, além da grade, era fraco e ruim, jogava na esteira com os matutos e provocava-os depois. O governo não devia consentir tão grande safadeza. ("Cadeia", *Vidas secas*.)

"Apanhar do governo não é desfeita." Como nas crônicas "Lampião", "Comandante dos burros" e "A propósito de seca", este lugar-comum de resignação dos sertanejos pobres é combatido nessa passagem de *Vidas secas*, que figura o drama de Fabiano a partir do episódio de sua prisão. Trata-se de um momento muito significativo: cheio de injustiças, o vaqueiro se volta contra a atitude habitual dele próprio e de muitos de se curvarem aos poderosos. A adversativa "mas agora" sinaliza que, no presente, preso e espancado pelo arbítrio do soldado amarelo, questiona como errado o pretérito mais-que-perfeito em que se "acostumara" a todas as violências e injustiças. Coerente com sua subserviência aos donos e com sua resistência a aceitar um soldado agressor de matutos, ganha forma sua definição de governo: "coisa distante e perfeita, que não podia errar". É como se Fabiano resgatasse a palavra em seu significado original, de uma entidade organizadora da harmonia coletiva, e se opusesse ao uso degradado, ao governo como perpetuação de privilégios e de misérias.

Então, no capítulo "Cadeia", acompanha-se, com o narrador,[26] o questionamento do sertanejo quanto a si mesmo e à sua realidade social. Delineia esse drama de Fabiano, agitado em emoções e pensamentos, a imagem da panela fervente em sua cabeça: "E havia também aquele fogo-corredor que ia e vinha no espírito dele. Sim, havia aquilo. Como era? Precisava descansar. Estava com a testa doendo, provavelmente em consequência de uma pancada de cabo de facão. E doía-lhe a cabeça toda, parecia-lhe que tinha fogo por dentro, parecia-lhe que tinha nos miolos uma panela fervendo."

São muitos os seus fermentos de indignação, e tinha um fio de ideia a engrossar. Na feira, temeroso de ser enganado, comprou mantimentos. Contudo, sendo aguado o querosene e cara a chita, não os adquiriu logo, nem depois: bebeu cachaça e perdeu o dinheiro ao jogar trinta e um com um soldado amarelo. Furioso, saiu sem se despedir do soldado. Então este, querendo puxar questão, mas falto de pretexto, pisou-lhe o pé e, xingado por Fabiano, mandou-o para a cadeia. "— Faça lombo, paisano": a lâmina do facão feria o homem simples junto com a incompreensão da ordem arbitrária que o prendeu e tratou como animal.

Eis que, preocupado com a casa sem pai nem querosene, às escuras, aos poucos Fabiano reflete sobre si mesmo e seus vínculos com o soldado amarelo, o governo e a família.[27] Comparando-se com o soldado, distingue-se daquele covarde que fazia mal a um pai de família e que jamais enfrentaria um cangaceiro na caatinga. Fabiano percebe que, desgraçados ambos, o problema não era só o amarelo: não o atacava por causa dos "homens que mandavam". Revolta-o que o governo não agisse de maneira correta, e sim com safadeza.

Após experienciar tantas injustiças, pergunta pelos culpados da sua brutalidade. Afinal, trabalhava como escravo num casco de fazenda sem valor, vivia agarrado aos bichos, nunca vira uma escola, nem sabia falar direito. Atordoa-o assemelhar-se com os outros presos, que serviam apenas para "aguentar facão". E o fogo que enchia o cárcere de fumaça mais lhe lembra a falta do querosene, a mulher e os meninos na escuridão. Panela chiando, a imagem da família, já sofrida da seca e da fome e então desamparada junto à trempe de pedras, ocupa a sua mente:

> Pobre de sinha Vitória, cheia de cuidados, na escuridão. Os meninos sentados perto do lume, a panela chiando na trempe de pedras, Baleia atenta, o candeeiro de folha pendurado na ponta de uma vara que saía da parede.
>
> [...]
>
> Pobre de sinha Vitória, inquieta e sossegando os meninos. Baleia vigiando, perto da trempe. Se não fossem eles... ("Cadeia".)

Assim, entre fermentos de indignação, o pensamento de Fabiano, difícil, ganha luz: era enorme seu desejo de vingar-se do soldado, porém a existência da família o obstava de agir como um cangaceiro.

> *Agora Fabiano conseguia arranjar as ideias. O que o segurava era a família.* Vivia preso como um novilho amarrado ao mourão, suportando ferro quente. Se não fosse isso, um soldado amarelo não lhe pisava o pé não. O que lhe amolecia o corpo era a lembrança da mulher e dos filhos. Sem aqueles cambões pesados, não envergaria o espinhaço não, sairia dali como onça e faria uma asneira. Carregaria a espingarda e daria um tiro de pé de pau no soldado amarelo.

É notável o paralelo do vaqueiro com um novilho: além de submisso ao "patrão invisível", preso e surrado pelo soldado, tem a família como cambões a impedi-lo de atirar-se contra ele. Desenhando a ebulição interior do personagem, entre ser bruto e ser homem, tal comparação ressalta a um tempo a animalização de Fabiano, subjugado pelos poderosos, e sua força ética, fraco para violências porque sensível para com a família, para com outras vidas. Por isso, percebe no amarelo um infeliz, seu igual, e a ideia que lhe "ferve" na cabeça, em luta com sua impossibilidade de realizá-la, é entrar no cangaço e matar os donos do soldado:

> Não. O soldado amarelo era um infeliz que nem merecia um tabefe com as costas da mão. Mataria os donos dele. Entraria num bando de cangaceiros e faria estrago nos homens que dirigiam o soldado amarelo. Não ficaria um para semente. Era a ideia que lhe fervia na cabeça. Mas havia a mulher, havia os meninos, havia a cachorrinha.

Quanto mais se acirra seu desejo de insurgir-se contra o governo, tanto mais o vaqueiro se sente impotente, incapaz de violência porque preso à família. Daí a imagem contundente da dor de cabeça, representação do problema social dos maus-tratos contra os pobres e expressão do drama de Fabiano, entre revoltado e paralisado:

> [...] Estava com a testa doendo, provavelmente em consequência de uma pancada de cabo de facão. E doía-lhe a cabeça toda, parecia-lhe que tinha fogo por dentro, parecia-lhe que tinha nos miolos uma panela fervendo.

Central no capítulo "Cadeia" é, pois, a imagem da panela fervendo na cabeça de Fabiano: caldo a fermentar vários motivos de indignação, engrossa-se num movimento de compreensão de si mesmo e do mundo. Ele se aquece e se ilumina, em sua precariedade, com a priorização dos elos vitais, afetivos, e com a crítica aos donos do poder. A imagem da panela fervente dá materialidade à revolta de Fabiano contra uma sociedade iníqua que naturaliza a brutalidade dos homens. E expressa sua luta consigo mesmo, entre ser bruto e ser homem: embora sem condições dignas de vida, não instruído, não era violento e sim digno pai de família, preocupado com os seus, resistentes à fome e à seca, submetidos à escuridão junto à trempe. Esta reúne a imagem dos três, a mulher e os dois filhos, mais a cadela, significando frágil mas seguro o único amparo de Fabiano: alimento e lareira escassos, um lar.

Assim, a construção do foco narrativo em terceira pessoa perfaz a expressão da interioridade de Fabiano e a representação social crítica, criando imagens-síntese como a trempe, o fio de ideia a engrossar em sua cabeça, a panela fervendo. Por conseguinte, *Vidas secas* aponta os problemas contidos no estereótipo de brutalidade do sertanejo pobre: desvelando a origem social de sua condição de trabalhador explorado, privado de escola, exprime seus dilemas entre sobreviver como vaqueiro retirante, submisso aos poderosos, apegado à família, e sonhar-se cangaceiro ou soldado, capaz de façanhas. No "Inverno", aquecendo-se ao fogo, embora Fabiano conte seus pretensos grandes feitos, o menino mais velho desconfia das palavras indecisas do pai e deixa de considerá-lo herói: era "humano e contraditório". A narrativa confusa do vaqueiro servia para esquecer a desgraça da prisão, época em que fantasiara abandonar a família e matar o amarelo, o juiz, o promotor e o delegado.

No romance, desvendando o fator econômico-social da fala desconexa do vaqueiro, Graciliano Ramos lhe arruma o que tinha no interior, de forma a atacar não só os soldados agressores de “criaturas inofensivas”, mas sobretudo os donos deles. Reencontra-se aqui o desejo do escritor, partilhado com o personagem, de distinguir o valor das palavras e dos seres: Graciliano recusa estereótipos em busca de entender a alma do retirante, sua história e contradições; e este queria ver o governo no sentido original da palavra, livre de safadezas.

Fabiano, força guardada: a ética do manso e a tautologia do governo

> Fabiano meteu-se na vereda que ia desembocar na lagoa seca, [...].
>
> [...] Desembaraçou o cabresto, puxou o facão, pôs-se a cortar as quipás e as palmatórias que interrompiam a passagem.
>
> [...] voltou-se e deu de cara com o soldado amarelo que, um ano antes, o levara à cadeia, onde ele aguentara uma surra e passara a noite. Baixou a arma. Aquilo durou um segundo. Menos: durou uma fração de segundo. Se houvesse durado mais tempo, o amarelo teria caído esperneando na poeira, com o quengo rachado. Como o impulso que moveu o braço de Fabiano foi muito forte, o gesto que ele fez teria sido bastante para um homicídio se outro impulso não lhe dirigisse o braço em sentido

> contrário. A lâmina parou de chofre, junto à cabeça do intruso, bem em cima do boné vermelho. A princípio o vaqueiro não compreendeu nada. Viu apenas que estava ali um inimigo. De repente notou que aquilo era um homem e, coisa mais grave, uma autoridade. Sentiu um choque violento, deteve-se, o braço ficou irresoluto, bambo, inclinando-se para um lado e para outro. ("O soldado amarelo", *Vidas secas*.)

Essa situação criada no capítulo "O soldado amarelo" põe em xeque o pensamento difícil elaborado por Fabiano após sua prisão: em face da possibilidade de matar o inimigo poderoso, de fato não o faria por causa da família? Já dessas primeiras linhas do capítulo se depreende que se confirmariam as tensões e a coerência do vaqueiro.

Numa fração de segundo, empunha a faca contra um intruso numa vereda e suspende o gesto. A partir dessa figuração de dois impulsos contrários da personagem, Graciliano alcança amalgamar a representação social crítica e a expressão de conflitos subjetivos. Involuntário, o homicídio decorreria da brutalidade do homem que vivia perto da natureza, cortando obstáculos nas veredas e lidando com bichos. Voluntário, o homicídio seria, na sequência, possibilidade de vingança que abala o vaqueiro. Após suster o braço, seu "choque violento" ao dar de cara com o soldado amarelo revela a um tempo sua força ética e fragilidade social. "Aquilo era um homem e, coisa mais grave, uma autoridade": a compaixão que o impede de matar outro ser combina-se com a submissão por ser o outro uma autoridade.

Esse reencontro com o algoz que o levara à cadeia constituía oportunidade para Fabiano cumprimentá-lo com o facão: o lugar-comum seria a violência, a vingança contra o soldado amarelo. No entanto, abre caminho para o narrador acompanhar as fortes inquietações do vaqueiro em relação a si mesmo, ao soldado e ao governo, quanto ao sentido de justiça e de falsa coragem.

Os dilemas de Fabiano ante o amarelo estampam-se nas variações de seu rosto. A princípio, com o olho arregalado de espanto, ficara indeciso: se tivesse atingido o soldado, seria valente; sentindo um medo absurdo, riu. Irritado diante daquele homem trêmulo, fechou a cara: o outro não o via incapaz de vingar-se? Embora desejasse tornar a ficar cego, readquirir o "instante de inconsciência" em que quase matara o amarelo, sabe que não conseguiria usar a arma; a cólera de se considerar impotente o faz avançar para o inimigo só por um minuto. Lembrando-se da surra e da noite na cadeia, prega nele os olhos ensanguentados: deveria mesmo acabar com o safado que só sabia, na cidade, maltratar os matutos. O rosto contraído, "mais feio que um focinho", rugas aprofundadas na testa, os pequenos olhos azuis muito abertos, Fabiano era uma "interrogação dolorosa": "Estava certo? Bulir com as pessoas que não fazem mal a ninguém. Por quê?"

Quando vê apenas um braço, uma perna e um pedaço da cara do policial, que estava escondido na catingueira, o retirante chega a temer a autoridade. Porém, o rosto daquele homem acuado, "os olhos arregalados, os beiços brancos, os dentes chocalhando como bilros", revela maior a infelicidade do vaqueiro: fora insultado e preso por aquele covarde, em que se mirava e se sentia ainda mais miserável, para sempre submisso.

Assim, o impasse de Fabiano ante o policial indefeso cria um olhar crítico em relação a si mesmo, ao outro e ao governo. Vive um embate entre o desejo de vingar-se, para aparentar força, e a certeza de ser incapaz de violência, o que o diferencia da face agressiva e injusta do soldado. Desde sua prisão, não suporta a covardia do amarelo, que só espancava e prendia pessoas inofensivas. Confirmada agora essa covardia, mais ainda a deplora, porque ela lhe escancara a própria miséria e impotência. Fabiano percebe também que o amarelo, autoridade, devia sabê-lo inocente: a tolice de um matuto que perde a paciência e xinga não justifica surra e cadeia. Por descobrir medrosa e falha essa autoridade, o vaqueiro não poderia continuar julgando que "apanhar do governo não é desfeita". Não entendia por que o governo admitia safados como o amarelo: "Só se ele tinha receio de empregar tipos direitos." Numa conjectura plena de sentido ético e crítico, reconhecendo a inutilidade do amarelo e a insuficiência do governo, Fabiano chega a pensar-se soldado e conclui que não pisaria os pés dos trabalhadores: a farda não o tornaria ruim.

Desse modo, o sertanejo pobre mostra-se incapaz de matar outro homem e temeroso das autoridades. Ao mesmo tempo, revolta-se contra as incongruências destas, atordoando-se por ser submisso e ainda mais a um covarde; conforme a lógica de violência de seu ambiente, imagina que, se houvesse matado o policial, não sentiria remorso, seria um homem. No fim do capítulo, essas tensões da personagem culminam numa passagem marcante de lirismo e realismo, em que Fabiano está preso, a um tempo, à "ética do rosto" e à definição tautológica de governo.

Depois de pensar que por um segundo não matara o polícia, imagina-o caído, "as pernas abertas, os bugalhos apavorados, um fio de sangue empastando-lhe os cabelos, formando um riacho entre os seixos da vereda". Por um lado, essa imagem do inimigo morto, arrastado por ele à caatinga e entregue aos urubus, mataria a sede de vingança do sertanejo injustiçado, que não se sentiria mais um incapaz. Por outro lado, como ele busca em vão os olhos do soldado, que os desvia, percebe que não deveria matar um homem, nem precisava matar aquele covarde da polícia. Fabiano não quer inutilizar-se moralmente como responsável pela morte de outro ser, nem socialmente, muito menos por causa daquela "fraqueza fardada" que agredia os pobres. E então, carregada da história de sofrimentos de um homem que só queria estar com a família, em segurança junto à trempe, vem, concisa, a frase: "Guardava a sua força."

> Aprumou-se, fixou os olhos nos olhos do polícia, que se desviaram. Um homem. Besteira pensar que ia ficar murcho o resto da vida. Estava acabado? Não estava.
>
> [...] Mas para que suprimir aquele doente que bambeava e só queria ir para baixo? Inutilizar-se por causa de uma fraqueza fardada que vadiava na feira e insultava os pobres! Não se inutilizava, não valia a pena inutilizar-se. Guardava a sua força.

Em nome da compreensão crítica e afetiva do outro, mediando o distanciamento intelectual em relação ao vaqueiro, o narrador apreende em Fabiano a resistência econômico-social e a "resistência ética". Com a singularidade de sua arte, Graciliano recria, da tradição da literatura brasileira, especificamente de *Os sertões*, a imagem do sertanejo como "um forte" e dono de "retidão impensada e singela", usando aqui a expressão com que Antonio Candido aproxima o personagem de *Vidas secas* dos campeiros nordestinos do segundo capítulo do livro de Euclides da Cunha.[28] E essa retidão singela de Fabiano sobressai ao não matar o soldado, numa cena que ilumina o sentido da "ética do rosto", cunhada pelo filósofo Lévinas, e é por ela iluminada:

> A impossibilidade de matar não tem uma significação simplesmente negativa e formal; a relação com o infinito ou a ideia do infinito em nós condiciona-a positivamente. O infinito apresenta-se como rosto na resistência ética que paralisa os meus poderes e se levanta dura e absoluta do fundo dos olhos, sem defesa na sua nudez e na sua miséria. A compreensão dessa miséria e dessa fome instaura a própria proximidade do Outro.[29]

Em sua força ética e fragilidade de espoliado, Fabiano poupa a vida do policial e permanece submisso/sujeito, indicando-lhe o caminho em meio às veredas. Ele é *manso* (palavra cuja etimologia Ortega y Gasset desvela junto com a de *mandar*): "acostumado à mão" dos donos.[30] A tautologia "— Governo é governo" representa o sem saída de sua obediência de homem pobre aos poderosos, para os quais tira o chapéu de couro e se curva.[31] Ao mesmo tempo, está pressuposta na tautologia a concepção ingênua e ideal, potencialmente crítica, de Fabiano, do governo como respeitável e incapaz de erro. Nesse sentido, "curvar-se e ensinar o caminho ao soldado amarelo" é a própria configuração do drama do personagem: apesar de apagado porque manso, guarda caminhos de senso crítico e de ética, a serem ensinados. Como se viu em "Nuvens" (*Infância*), a poética do escritor pressupõe o distanciamento em relação à violência e a necessidade de respeitar-se o valor das palavras, das coisas e dos viventes: ser *forte* significa mais do que exercer a vingança.

> Vacilou e coçou a testa. Havia muitos bichinhos assim ruins, havia um horror de bichinhos assim fracos e ruins.
>
> Afastou-se, inquieto. Vendo-o acanalhado e ordeiro, o soldado ganhou coragem, avançou, pisou firme, perguntou o caminho. E Fabiano tirou o chapéu de couro.
>
> — Governo é governo.
>
> Tirou o chapéu de couro, curvou-se e ensinou o caminho ao soldado amarelo.

Assim, na medida em que o vaqueiro não se vinga do soldado, critica-se a estrutura social que obriga o injustiçado a curvar-se aos poderosos. E revelam-se a ética e o impasse da sua realização — caminho a ser seguido que, difícil, soa como fraqueza num mundo de arbitrariedades. Nesse mundo, naturais o imediatismo e a violência, é raro ser manso no sentido de ir de "mãos dadas" com o outro.

Mas existe José da Luz, o soldado que, diferente da maioria, não vingava nos pés e no lombo dos pobres as humilhações que sofrera quando paisano. Se a realidade é violência e solidão — fardos a carregar —, Graciliano Ramos ideou "deitar barquinhos no enxurro", conforme se lê justamente no capítulo dedicado a José da Luz em *Infância*, policial capaz de "desanuviar" estigmas. Em um dos momentos únicos do livro, observando baratas e aranhas, o menino só, como governante autêntico, construiu um mundo de criaturinhas que não se agrediam nem se magoavam. Ao contrário do lugar-comum de cocorotes a que estava habituado, nesse mundo de sonho elas não sofriam maus-tratos e podiam brincar em liberdade. Desentendimentos contornados, as criaturinhas cumpriam o propósito sublime de não realizar "gestos capazes de motivar lágrimas":

> [...]. Proibiam-me sair, e os outros meninos, distantes, causavam-me inveja e receio. [...]. Afastado, não possuindo bolas de borracha, papagaios, carrinhos de lata, divertia-me com minhas irmãs, a construir casas de encerado e arreios de animais, no alpendre, e a revolver o milho no depósito. [...] Entretinha-me remexendo as maravalhas, explorando os recantos escuros, observando o trabalho das aranhas e a fuga das baratas. Divagava imaginando o mundo coberto de homens e mulheres da altura de um polegar de criança. Não me havendo chegado notícia das viagens de Gulliver, penso que a minha gente liliputiana teve origem nas baratas e nas aranhas. Esse povo mirim falava baixinho, zumbindo como as abelhas. Nem palavras ásperas nem arranhões, cocorotes e puxões de orelhas. Esforcei-me

por dirimir as desavenças. Quando os meus insetos saíam dos eixos, revelavam instintos rudes, eram separados, impossibilitados de molestar-se. E recebiam conselhos, diferentes dos conselhos vulgares. Podiam saltar, correr, molhar-se, derrubar cadeiras, esfolar as mãos, deitar barquinhos no enxurro. Nada de zangas. Impedidos os gestos capazes de motivar lágrimas.[32]

Notas

1. Cf. HOUAISS, Antonio; VILLAR, Mauro de Salles. *Dicionário Houaiss da língua portuguesa*. Rio de Janeiro: Objetiva, 2001; QUEIROZ, Maria Isaura Pereira de. *Os cangaceiros*. São Paulo: Duas Cidades, 1977, pp. 16-7.
2. RAMOS, Graciliano. "Jornais", 16 set. 1937. In: *Linhas tortas*. 21. ed. Rio de Janeiro: Record, 2005, pp. 141-143.
3. Id. "Manhã". In: *Infância*. 47. ed. Rio de Janeiro: Record, 2012, p. 24.
4. Cf. BOSI, Alfredo. *História concisa da literatura brasileira*. São Paulo: Cultrix, 1975, p. 146.
5. Cf. CASTELLO, José Aderaldo. *A literatura brasileira: origens e unidade (1500-1960)*. São Paulo: Edusp, 1999, v. II, pp. 293-8.
6. Cf. ANDRADE, Mário de. "Romanceiro de Lampião". In: *O baile das quatro artes*. São Paulo: Martins, 1963.
7. Considerando a tradição literária e crítica brasileiras, leiam-se também: RAMOS, Ricardo. "Cangaceiros". *Diário de Notícias*. Rio de Janeiro, 4 out. 1953, Suplemento Literário, pp. 2 e 4; REGO, José Lins do. "Eu não vi o sertanejo de Euclides". *A Manhã*, Rio de Janeiro, 19 set. 1941, p. 4. In: *O cravo de Mozart é eterno: crônicas e ensaios*. Rio de Janeiro: José Olympio, 2004, pp. 261-4; AMADO, Jorge. "Os ossos", Bahia, 1969. In: *Navegação de cabotagem: apontamentos para um livro de memórias que jamais escreverei*. São Paulo: Companhia das Letras, 2012, p. 83; QUEIROZ, Rachel de. "Já não se fazem mais bandidos

como antigamente". In: *As terras ásperas*. Rio de Janeiro: Record, 1993, pp. 100-1.

8. Voltado a combater chavões na arte e na política, o semanário *Novidade* foi publicado em Maceió de abril a setembro de 1931, num total de vinte e quatro números, cada qual com dezesseis páginas. Foram seus colaboradores Valdemar Cavalcanti, Alberto Passos Guimarães (os fundadores da revista), Graciliano Ramos, Jorge de Lima, José Lins do Rego, Aurélio Buarque de Holanda, Diégues Júnior, Aloísio Branco, Carlos Paurílio, Willy Lewin, Raul Lima, Santa Rosa, dentre outros.
   Note-se que *Novidade* estampou o capítulo XXIV de *Caetés*, primeiro texto de romance publicado e assinado por Graciliano Ramos, que até então assinara poemas, artigos e pequenos contos com pseudônimos ou com G. R., G. Ramos, ou Ramos de Oliveira. *Caetés* foi lançado dois anos depois pela editora Schmidt.
9. De fato, Lampião concedeu uma entrevista em 1926 a um médico do Crato, quando foi a Juazeiro a convite do padre Cícero, para integrar o Batalhão Patriótico no combate à coluna Prestes. Trechos dessa entrevista estão em: SOARES, Mariana Cysneiros Cavalcanti. *Lampião: a marca que vende o Nordeste*. Recife: Ed. do Autor, 2007, pp. 86-97. Cf. também GRUNSPAN-JASMIN, Élise. *Lampião, senhor do sertão: vidas e mortes de um cangaceiro*. São Paulo: Edusp, 2006, pp. 108-9.
10. RAMOS, Graciliano. "A vila". In: *Infância*. cit., p. 55.
11. ROCHA, Hildon. "O pessimismo de Graciliano...", "Carrossel das Letras", *A Noite*, Rio de Janeiro, 5 ago. 1952, p. 24. ROCHA, Hildon. "Otimista". In: *Memória indiscreta: de Getúlio, Juscelino, Prestes, etc. a Drummond, Vinícius, Bethânia, etc*. Rio de Janeiro: F. Alves, 1981. p. 61.
12. Quanto a esses posicionamentos críticos, recordem-se sobretudo os artigos "Decadência do romance brasileiro" (1941), "O fator econômico no romance brasileiro" (1945), "Sertanejos" (1931).
13. GRUNSPAN-JASMIN, Élise. *Lampião, senhor do sertão: vidas e mortes* de um cangaceiro. cit., pp. 289-348.
14. Emmanuel Lévinas (1906, Kaunas - 1995, Paris): Filósofo francês de origem judaica, nascido na Lituânia, foi aluno

e tradutor de Edmund Husserl. Tendo-se estabelecido na França em 1923, foi feito prisioneiro pelos alemães em 1939 e exilado por cinco anos; sobreviveu como tradutor na guarda francesa. Cf.: LÉVINAS, Emmanuel. *Ética e infinito: diálogos com Philippe Nemo.* Tradução de João Gama. Lisboa: Edições 70, 2000, p. 93; *Totalidade e infinito.* Tradução de José Pinto Ribeiro. Lisboa: Edições 70, 2000; em especial, pp. 176-9, 229-31, 284-7; *Entre nós: ensaios sobre a alteridade.* Tradução de Pergentino Stefano Pivatto (Coord.). Petrópolis: Vozes, 2004; *Humanismo do outro homem.* Tradução de Pergentino S. Pivatto (Coord.). Petrópolis: Vozes, 1993; POIRIÉ, François. *Emmanuel Lévinas: ensaio e entrevistas.* Tradução de J. Guinsburg, Marcio Honorio de Godoy e Thiago Blumenthal. São Paulo: Perspectiva, 2007.

15. Cf. CAVALCANTI, Valdemar. "Lampião", editorial da Revista *Novidade*, Maceió, n. 7, 23 maio 1931.
16. RAMOS, Graciliano. *S. Bernardo.* 95. ed. Rio de Janeiro: Record, 2013. As referências são dos capítulos 19, 3, 2 e 36.
17. Id., cap. 3, pp. 16-17.
18. Id. *Angústia.* 67. ed. Rio de Janeiro: Record, 2012.
19. A fotografia consta do Caderno de imagens, neste volume. Saiu no *Diário de Pernambuco* de 28 de agosto de 1935, a primeira de um cadáver de cangaceiro publicada naquele estado. Confiram-se: MELLO, Frederico Pernambucano de. *Guerreiros do sol: violência e banditismo no Nordeste do Brasil.* cit., p. 217, e JASMIN, Élise. *Cangaceiros.* Apresentação de Frederico Pernambucano de Mello. São Paulo: Terceiro Nome, 2006, pp. 106, 145.
20. Cf. "O menino sabido e o padre". In: CASCUDO, Luís da Câmara. *Contos tradicionais do Brasil.* 12. ed. São Paulo: Global, 2003, pp. 234-5.
21. RAMOS, Graciliano. "Nuvens". In: *Infância.* cit., p. 19.
22. Estão sinalizadas em itálico as palavras escolhidas por Graciliano para a versão final do texto de *Infância.* Entre colchetes, a escrita anterior, publicada na *Revista do Brasil.* Veja-se: ele trocou "semelhantes ações" por *violência*; "forte" por *vingativo.*

23. "A 'mestria singular' do romancista Graciliano Ramos reside no seu estilo. [...] Quer eliminar tudo o que não é essencial: as descrições pitorescas, o lugar-comum das frases feitas, a eloquência tendenciosa. Seria capaz de eliminar ainda páginas inteiras, eliminar os seus romances inteiros, eliminar o próprio mundo. Para guardar apenas o que é essencial, isto é, conforme o conceito de Benedetto Croce, o 'lírico'. O lirismo de Graciliano Ramos, porém, é bem estranho. [...] Certamente, a alma deste romancista seco não é seca; é cheia de misericórdia e de simpatia para com todas as criaturas, [...]. A misericórdia do pessimista para consigo mesmo é tão compreensiva que medita todos os meios de salvação, para deter-se apenas no último: a destruição deste mundo, para libertar todas as criaturas." CARPEAUX, Otto Maria. "Visão de Graciliano Ramos" (de *Origens e fins*). In: *Ensaios reunidos* 1942-1978. Rio de Janeiro: UniverCidade & Topbooks, 1999, v. I, pp. 443-50.
24. Cf. "Os astrônomos", capítulo de *Infância*.
25. *Vingança*, de *vingar* e *-ança*, da raiz *vindic-*, *vindicare*: "vingar, castigar, pôr em liberdade"; *vindicta, ae*: "varinha com que o litor dava um pequeno toque sobre a cabeça do escravo enquanto o pretor pronunciava a fórmula de alforria; defesa, proteção, vindita, castigo, punição". Se o lugar-comum de *vingança* é aludir à violência, a palavra guarda um sentido de liberdade, de reivindicar; e *vingar* significa também "resistir vivo, medrar, sair vencedor". Cf. CRETELLA JR., José; ULHÔA CINTRA, Geraldo de. *Dicionário latino-português*. 3. ed. São Paulo: Companhia Editora Nacional, 1953; HOUAISS, Antonio; VILLAR, Mauro de Salles. *Dicionário Houaiss da língua portuguesa*. cit.
26. Nesse trecho, o narrador acompanha o movimento, em seus limites, da consciência crítica do vaqueiro contra o governo. Com base na análise reveladora de "Céu, inferno", de Alfredo Bosi, percebe-se como o foco narrativo de *Vidas secas* inclui "aproximação com a mente do sertanejo" e distanciamento em relação à consciência dele. "O perto se faz longe": da passagem "A caatinga *ressuscitaria*...", Bosi apreende e potencia a poesia do modo condicional com que o realismo de Graciliano figura criticamente os dese-

jos de Fabiano. Cf. BOSI, Alfredo. "Céu, inferno". In: *Céu, inferno*. São Paulo: Duas Cidades; Ed. 34, 2003, pp. 19-50.

27. "Como pensa esse homem que não sabe pensar! Sente as coisas de um modo grosso e ao mesmo tempo agudo, sente que é preciso pensar, entender as coisas. E pensa com esforço, penosamente, sentindo raiva dessa necessidade de pensar." Estas são palavras certeiras de Rubem Braga em "Vidas secas". (Cf.: *Teresa revista de Literatura Brasileira 2*. São Paulo: Editora 34 / USP, 2001, pp. 127-8.)
    Ao analisar o capítulo "O mundo coberto de penas", Alcides Villaça ressalta o "instante de felicidade" de Fabiano após a "atividade interior" que lhe permitiu compreender a imagem criada por sinha Vitória, de que as arribações iam matar o gado. Cf. VILLAÇA, Alcides. "Imagem de Fabiano". *Estudos avançados*, São Paulo, v. 21, n. 60, 2007, pp. 235-46.
28. CANDIDO, Antonio. "Ficção e confissão". In: *Ficção e confissão*: *ensaios sobre Graciliano Ramos*. Rio de Janeiro: Ed. 34, 1992, p. 45.
29. LÉVINAS, Emmanuel. *Totalidade e infinito*. cit., p. 178.
30. Cf. ORTEGA Y GASSET, José. "Meditação sobre o cumprimento. O homem, animal etimológico. Que é um uso?". In: *O homem e a gente: intercomunicação humana*. 2. ed. Nota introdutória e tradução de J. Carlos Lisboa. Rio de Janeiro: Livro Ibero-Americano, 1973, cap. X, pp. 227-53.
    O verbo *mandar* advém de *manus dare*: "pôr as mãos entre as de um poderoso"; a princípio o súdito beijava as do rei, depois veio o gesto de apertar as mãos. O soldado amarelo representa esse mando de mão beijada que, por falta de aperto de mãos, pisa o pé dos indefesos.
31. A tautologia "— Governo é governo" aparece também na crônica de Graciliano "Bagunça" (1941, incluída em *Viventes das Alagoas*), como crítica à manutenção do poder vigente após a chamada Revolução de 1930, sem autoridade ética nem coerência ideológica.
32. RAMOS, Graciliano. "José da Luz". In: *Infância*. Cit., pp. 104-5.

Vida e obra de Graciliano Ramos

Cronologia

1892 Nasce a 27 de outubro em Quebrangulo, Alagoas.

1895 O pai, Sebastião Ramos, compra a Fazenda Pintadinho, em Buíque, no sertão de Pernambuco, e muda com a família. Com a seca, a criação não prospera e o pai acaba por abrir uma loja na vila.

1898 Primeiros exercícios de leitura.

1899 A família se muda para Viçosa, Alagoas.

1904 Publica o conto "Pequeno pedinte" em *O Dilúculo*, jornal do internato onde estudava.

1905 Muda-se para Maceió e passa a estudar no colégio Quinze de Março.

1906 Redige o periódico *Echo Viçosense*, que teve apenas dois números.

Publica sonetos na revista carioca *O Malho*, sob o pseudônimo Feliciano de Olivença.

1909 Passa a colaborar no *Jornal de Alagoas*, publicando o soneto "Céptico", como Almeida Cunha. Nesse jornal, publicou diversos textos com vários pseudônimos.

1910-1914 Cuida da casa comercial do pai em Palmeira dos Índios.

1914 Sai de Palmeira dos Índios no dia 16 de agosto, embarca no navio *Itassucê* para o Rio de Janeiro, no dia 27, com o amigo Joaquim Pinto da Mota Lima Filho. Entra para o *Correio da Manhã*, como revisor. Trabalha também nos jornais *A Tarde* e *O Século*, além de colaborar com os jornais *Paraíba do Sul* e *O Jornal de Alagoas* (cujos textos compõem a obra póstuma *Linhas tortas*).

1915 Retorna às pressas para Palmeira dos Índios. Os irmãos Otacílio, Leonor e Clodoaldo, e o sobrinho Heleno, morrem vítimas da epidemia da peste bubônica.

Casa-se com Maria Augusta de Barros, com quem tem quatro filhos: Márcio, Júnio, Múcio e Maria Augusta.

1917 Assume a loja de tecidos A Sincera.

1920 Morte de Maria Augusta, devido a complicações no parto.

1921 Passa a colaborar com o semanário *O Índio*, sob os pseudônimos J. Calisto e Anastácio Anacleto.

1925 Inicia *Caetés*, concluído em 1928, mas revisto várias vezes, até 1930.

1927 É eleito prefeito de Palmeira dos Índios.

1928 Toma posse do cargo de prefeito.

Casa-se com Heloísa Leite de Medeiros, com quem tem outros quatro filhos: Ricardo, Roberto, Luiza e Clara.

1929 Envia ao governador de Alagoas o relatório de prestação de contas do município. O relatório, pela sua qualidade literária, chega às mãos de Augusto Schmidt, editor, que procura Graciliano para saber se ele tem outros escritos que possam ser publicados.

1930 Publica artigos no *Jornal de Alagoas.*

Renuncia ao cargo de prefeito em 10 de abril.

Em maio, muda-se com a família para Maceió, onde é nomeado diretor da Imprensa Oficial de Alagoas.

1931 Demite-se do cargo de diretor.

1932 Escreve os primeiros capítulos de *S. Bernardo.*

1933 Publicação de *Caetés.*

Início de *Angústia.*

É nomeado diretor da Instrução Pública de Alagoas, cargo equivalente a Secretário Estadual de Educação.

1934 Publicação de *S. Bernardo.*

1936 Em março, é preso em Maceió e levado para o Rio de Janeiro.

Publicação de *Angústia.*

1937 É libertado no Rio de Janeiro.

Escreve *A terra dos meninos pelados*, que recebe o prêmio de Literatura Infantil do Ministério da Educação.

1938 Publicação de *Vidas secas.*

1939 É nomeado Inspetor Federal de Ensino Secundário do Rio de Janeiro.

1940 Traduz *Memórias de um negro*, do norte-americano Booker Washington.

1942 Publicação de *Brandão entre o mar e o amor*, romance em colaboração com Rachel de Queiroz, José Lins do Rego, Jorge Amado e Aníbal Machado, sendo a sua parte intitulada "Mário".

1944 Publicação de *Histórias de Alexandre.*

1945 Publicação de *Infância.*

Publicação de *Dois dedos.*

Filia-se ao Partido Comunista Brasileiro.

1946 Publicação de *Histórias incompletas.*

1947 Publicação de *Insônia.*

1950 Traduz o romance *A peste*, de Albert Camus.

1951 Torna-se presidente da Associação Brasileira de Escritores.

1952 Viaja pela União Soviética, Tchecoslováquia, França e Portugal.

1953 Morre no dia 20 de março, no Rio de Janeiro.

Publicação póstuma de *Memórias do cárcere.*

1954 Publicação de *Viagem.*

1962 Publicação de *Linhas tortas* e *Viventes das Alagoas.*

Vidas secas recebe o Prêmio da Fundação William Faulkner como o livro representativo da literatura brasileira contemporânea.

1980 Heloísa Ramos doa o Arquivo Graciliano Ramos ao Instituto de Estudos Brasileiros da Universidade de São Paulo, reunindo manuscritos, documentos pessoais, correspondência, fotografias, traduções e alguns livros.

Publicação de *Cartas.*

1992 Publicação de *Cartas de amor a Heloísa.*

Bibliografia
de autoria de Graciliano Ramos

Caetés
Rio de Janeiro: Schmidt, 1933. 2ª ed. Rio de Janeiro: J. Olympio, 1947. 6ª ed. São Paulo: Martins, 1961. 11ª ed. Rio de Janeiro: Record, 1973. [32ª ed., 2012]

S. Bernardo
Rio de Janeiro: Ariel, 1934. 2ª ed. Rio de Janeiro: J. Olympio, 1938. 7ª ed. São Paulo: Martins, 1964. 24ª ed. Rio de Janeiro: Record, 1975. [95ª ed., 2013]

Angústia
Rio de Janeiro: J. Olympio, 1936. 8ª ed. São Paulo: Martins, 1961. 15ª ed. Rio de Janeiro: Record, 1975. [68ª ed., 2013]

Vidas secas
Rio de Janeiro: J. Olympio, 1938. 6ª ed. São Paulo: Martins, 1960. 34ª ed. Rio de Janeiro: Record, 1975. [124ª ed., 2014]

A terra dos meninos pelados
Ilustrações de Nelson Boeira Faedrich. Porto Alegre: Globo, 1939. 2ª ed. Rio de Janeiro: Instituto Estadual do Livro, INL, 1975. 4ª ed. Ilustrações de Floriano Teixeira. Rio de Janeiro:

Record, 1981. 24ª ed. Ilustrações de Roger Mello. Rio de Janeiro: Record, 2000. [45ª ed., 2014]

Histórias de Alexandre

Ilustrações de Santa Rosa. Rio de Janeiro: Leitura, 1944. Ilustrações de André Neves. Rio de Janeiro: Record, 2007. [10ª ed., 2014]

Dois dedos

Ilustrações em madeira de Axel de Leskoschek. R. A., 1945. Conteúdo: Dois dedos, O relógio do hospital, Paulo, A prisão de J. Carmo Gomes, Silveira Pereira, Um pobre-diabo, Ciúmes, Minsk, Insônia, Um ladrão.

Infância (memórias)

Rio de Janeiro: J. Olympio, 1945. 5ª ed. São Paulo: Martins, 1961. 10ª ed. Rio de Janeiro: Record, 1975. [47ª ed., 2012]

Histórias incompletas

Rio de Janeiro: Globo, 1946. Conteúdo: Um ladrão, Luciana, Minsk, Cadeia, Festa, Baleia, Um incêndio, Chico Brabo, Um intervalo, Venta-romba.

Insônia

Rio de Janeiro: J. Olympio, 1947. 5ª ed. São Paulo: Martins, 1961. Ed. Crítica. São Paulo: Martins; Brasília: INL, 1973. 16ª ed. Rio de Janeiro: Record, 1980. [31ª ed., 2013]

Memórias do cárcere

Rio de Janeiro: J. Olympio, 1953. 4 v. Conteúdo: v. 1 Viagens; v. 2 Pavilhão dos primários; v. 3 Colônia correcional; v. 4 Casa de correção. 4ª ed. São Paulo: Martins, 1960. 2 v. 13ª ed. Rio de Janeiro: Record, 1980. 2 v. Conteúdo: v. 1, pt. 1 Viagens; v. 1, pt. 2 Pavilhão dos primários; v. 2, pt. 3 Colônia correcional; v. 2, pt. 4 Casa de correção. [47ª ed., 2013]

Viagem

Rio de Janeiro: J. Olympio, 1954. 3ª ed. São Paulo: Martins, 1961. 10ª ed. Rio de Janeiro: Record, 1980. [21ª ed., 2007]

Contos e novelas (organizador)
Rio de Janeiro: Casa do Estudante do Brasil, 1957. 3 v. Conteúdo: v. 1 Norte e Nordeste; v. 2 Leste; v. 3 Sul e Centro-Oeste.

Linhas tortas
São Paulo: Martins, 1962. 3ª ed. Rio de Janeiro: Record; São Paulo: Martins, 1975. 280 p. 8ª ed. Rio de Janeiro: Record, 1980. [21ª ed., 2005]

Viventes das Alagoas
Quadros e costumes do Nordeste. São Paulo: Martins, 1962. 5ª ed. Rio de Janeiro: Record, 1975. [19ª ed., 2007]

Alexandre e outros heróis
São Paulo: Martins, 1962. 16ª ed. Rio de Janeiro: Record, 1978. [60ª ed., 2014]

Cartas
Desenhos de Portinari... [et al.]; caricaturas de Augusto Rodrigues, Mendez, Alvarus. Rio de Janeiro: Record, 1980. [8ª ed., 2011]

Cartas de amor a Heloísa
Edição comemorativa do centenário de Graciliano Ramos. São Paulo: Secretaria Municipal de Cultura, 1992. 2ª ed. Rio de Janeiro: Record, 1992. [3ª ed., 1996]

O estribo de prata
Ilustrações de Floriano Teixeira. Rio de Janeiro: Record, 1984. (Coleção Abre-te Sésamo). 5ª ed. Ilustrações de Simone Matias. Rio de Janeiro: Galerinha Record, 2012.

Garranchos
Organização de Thiago Mio Salla. Rio de Janeiro: Record, 2012.

Antologias, entrevistas e obras em colaboração

CHAKER, Mustafá (Org.). *A literatura no Brasil*. Graciliano Ramos ... [et al.]. Kuwait: [s. n.], 1986. 293 p. Conteúdo: Dados biográficos de escritores brasileiros: Castro Alves, Joaquim de Souza Andrade, Carlos Drummond de Andrade, Vinicius de Moraes, Haroldo de Campos, Manuel Bandeira, Manuel de Macedo, José de Alencar, Graciliano Ramos, Cecília Meireles, Jorge Amado, Clarice Lispector e Zélia Gattai. Texto e título em árabe.

FONTES, Amando et al. *10 romancistas falam de seus personagens*. Amando Fontes, Cornélio Penna, Erico Verissimo, Graciliano Ramos, Jorge Amado, José Geraldo Vieira, José Lins do Rego, Lucio Cardoso, Octavio de Faria, Rachel de Queiroz; prefácio de Tristão de Athayde; ilustradores: Athos Bulcão, Augusto Rodrigues, Carlos Leão, Clóvis Graciano, Cornélio Penna, Luís Jardim, Santa Rosa. Rio de Janeiro: Edições Condé, 1946. 66 p., il., folhas soltas.

MACHADO, Aníbal M. et al. *Brandão entre o mar e o amor*. Romance por Aníbal M. Machado, Graciliano Ramos, Jorge Amado, José Lins do Rego e Rachel de Queiroz. São Paulo: Martins, 1942. 154 p. Título da parte de autoria de Graciliano Ramos: "Mário".

QUEIROZ, Rachel de. *Caminho de pedras*. Poesia de Manuel Bandeira; Estudo de Olívio Montenegro; Crônica de Graciliano Ramos. 10ª ed. Rio de Janeiro: J. Olympio, 1987. 96 p. Edição comemorativa do Jubileu de Ouro do Romance.

RAMOS, Graciliano. *Angústia 75 anos*. Edição comemorativa organizada por Elizabeth Ramos. 1ª ed. Rio de Janeiro: Record, 2011. 384 p.

RAMOS, Graciliano. *Coletânea*: seleção de textos. Rio de Janeiro: Civilização Brasileira; Brasília: INL, 1977. 315 p. (Coleção Fortuna Crítica, 2).

RAMOS, Graciliano. "Conversa com Graciliano Ramos". *Temário* — Revista de Literatura e Arte, Rio de Janeiro, v. 2, n. 4, p. 24-29, jan.-abr., 1952. "A entrevista foi conseguida desta forma: perguntas do suposto repórter e respostas literalmente dos romances e contos de Graciliano Ramos."

RAMOS, Graciliano. *Graciliano Ramos*. Coletânea organizada por Sônia Brayner. Rio de Janeiro: Civilização Brasileira; Brasília: INL, 1977. 316 p. (Coleção Fortuna Crítica, 2). Inclui bibliografia. Contém dados biográficos.

RAMOS, Graciliano. *Graciliano Ramos*. 1ª ed. Seleção de textos, notas, estudos biográfico, histórico e crítico e exercícios por: Vivina de Assis Viana. São Paulo: Abril Cultural, 1981. 111 p., il. (Literatura Comentada). Bibliografia: p. 110-111.

RAMOS, Graciliano. *Graciliano Ramos*. Seleção e prefácio de João Alves das Neves. Coimbra: Atlântida, 1963. 212 p. (Antologia do Conto Moderno).

RAMOS, Graciliano. *Graciliano Ramos*: trechos escolhidos. Por Antonio Candido. Rio de Janeiro: Agir, 1961. 99 p. (Nossos Clássicos, 53).

RAMOS, Graciliano. *Histórias agrestes*: contos escolhidos. Seleção e prefácio de Ricardo Ramos. São Paulo: Cultrix, [1960]. 201 p. (Contistas do Brasil, 1).

RAMOS, Graciliano. *Histórias agrestes*: antologia escolar. Seleção e prefácio Ricardo Ramos; ilustrações de Quirino Campofiorito. Rio de Janeiro: Tecnoprint, [1967]. 207 p., il. (Clássicos Brasileiros).

RAMOS, Graciliano. "Ideias Novas". Separata de: *Rev. do Brasil*, [s. l.], ano 5, n. 49, 1942.

RAMOS, Graciliano. *Para gostar de ler*: contos. 4ª ed. São Paulo: Ática, 1988. 95 p., il.

RAMOS, Graciliano. *Para gostar de ler*: contos. 9ª ed. São Paulo: Ática, 1994. 95 p., il. (Para Gostar de Ler, 8).

RAMOS, Graciliano. *Relatórios*. [Organização de Mário Hélio Gomes de Lima.] Rio de Janeiro: Editora Record, 1994. 140 p. Relatórios e artigos publicados entre 1928 e 1953.

RAMOS, Graciliano. *Seleção de contos brasileiros*. Rio de Janeiro: Ed. de Ouro, 1966. 3 v. (333 p.), il. (Contos brasileiros).

RAMOS, Graciliano. [Sete] *7 histórias verdadeiras*. Capa e ilustrações de Percy Deane; [prefácio do autor]. Rio de Janeiro: Ed. Vitória, 1951. 73 p. Contém índice. Conteúdo: Primeira história verdadeira. O olho torto de Alexandre, O estribo de prata, A safra dos tatus, História de uma bota, Uma canoa furada, Moqueca.

RAMOS, Graciliano. "Seu Mota". *Temário* — Revista de Literatura e Arte, Rio de Janeiro, v. 2, n. 4, p. 21-23, jan.-abr., 1952.

RAMOS, Graciliano et al. *Amigos*. Ilustrações de Zeflávio Teixeira. 8ª ed. São Paulo: Atual, 1999. 66 p., il. (Vínculos), brochura.

RAMOS, Graciliano (Org.). *Seleção de contos brasileiros*. Ilustrações de Cleo. Rio de Janeiro: Tecnoprint, [1981]. 3 v.: il. (Ediouro. Coleção Prestígio). "A apresentação segue um critério geográfico, incluindo escritores antigos e modernos de todo o país." Conteúdo: v. 1 Norte e Nordeste; v. 2 Leste; v. 3 Sul e Centro-Oeste.

RAMOS, Graciliano. *Vidas Secas 70 anos*: Edição especial. Fotografias de Evandro Teixeira. 1ª ed. Rio de Janeiro: Record, 2008. 208 p.

ROSA, João Guimarães. *Primeiras estórias*. Introdução de Paulo Rónai; poema de Carlos Drummond de Andrade; nota biográfica de Renard Perez; crônica de Graciliano Ramos. 5ª ed. Rio de Janeiro: J. Olympio, 1969. 176 p.

WASHINGTON, Booker T. *Memórias de um negro*. [Tradução de Graciliano Ramos.] São Paulo: Cia. Ed. Nacional, 1940. 226 p.

Obras traduzidas

Alemão

Angst [Angústia]. Surkamp Verlag, 1978.
Karges Leben [Vidas secas]. 1981.
Karges Leben [Vidas secas]. Verlag Klaus Wagenbach, 2013.
Obra publicada com o apoio do Ministério da Cultura do Brasil / Fundação Biblioteca Nacional.
Kindheit [Infância]. Verlag Klaus Wagenbach, 2013.
Obra publicada com o apoio do Ministério da Cultura do Brasil / Fundação Biblioteca Nacional.
Nach eden ist es weit [Vidas secas]. Horst Erdmann Verlag, 1965.
Raimundo im Land Tatipirún [A terra dos meninos pelados]. Zürich: Verlag Nagel & Kimche. 1996.
São Bernardo: roman. Frankfurt: Fischer Bucherei, 1965.

Búlgaro

Cyx Knbot [Vidas secas]. 1969.

Catalão

Vides seques. Martorell: Adesiara Editorial, 2011.

Dinamarquês

Tørke [Vidas secas]. 1986.

Espanhol

Angustia. Madri: Ediciones Alfaguara, 1978.
Angustia. México: Páramo Ediciones, 2008.
Angustia. Montevidéu: Independencia, 1944.
Infancia. Buenos Aires, Rosario: Beatriz Viterbo Editora, 2010.
Infancia. Buenos Aires: Siglo Veinte, 1948.
San Bernardo. Caracas: Monte Avila Editores, 1980.
Vidas secas. Buenos Aires: Editorial Futuro, 1947.
Vidas secas. Buenos Aires: Editora Capricornio, 1958.
Vidas secas. Havana: Casa de las Américas, [1964].
Vidas secas. Montevidéu: Nuestra América, 1970.
Vidas secas. Madri: Espasa-Calpe, 1974.
Vidas secas. Buenos Aires: Corregidor, 2001.
Vidas secas. Montevidéu: Ediciones de la Banda Oriental, 2004.

Esperanto

Vivoj Sekaj [Vidas secas]. El la portugala tradukis Leopoldo H. Knoedt. Fonto (Gersi Alfredo Bays), Chapecó, SC — Brazilo, 1997.

Finlandês

São Bernardo. Helsinki: Porvoo, 1961.

Flamengo

De Doem van de Droogte [Vidas secas]. 1971.
Vlucht Voor de Droogte [Vidas secas]. Antuérpia: Nederlandse vertaling Het Wereldvenster, Bussum, 1981.

Francês

Angoisse [Angústia]. Paris: Gallimard, 1992.
Enfance [Infância]. Paris: Gallimard.
Insomnie: Nouvelles [Insônia]. Paris: Gallimard, 1998.
Mémoires de Prison [Memórias do Cárcere]. Paris: Gallimard.
São Bernardo. Paris: Gallimard, 1936, 1986.
Secheresse [Vidas secas]. Paris: Gallimard, 1964.

Húngaro

Aszaly [Vidas secas]. Budapeste: Europa Könyvriadó, 1967.
Emberfarkas [S. Bernardo]. Budapeste, 1962.

Holandês

Dorre Levens [Vidas secas]. Amsterdam: Coppens & Frenks, Uitgevers, 1998.

São Bernardo. Amsterdam: Coppens & Frenks, Uitgevers, 1996.

Angst [Angústia]. Amsterdam: Coppens & Frenks, Uitgevers, 1995.

Inglês

Anguish [Angústia]. Nova York: A. A. Knopf, 1946; Westport, Conn.: Greenwood Press, 1972.

Barren Lives [Vidas secas]. Austin: University of Texas Press, 1965; 5ª ed, 1999.

Childhood [Infância]. Londres: P. Owen, 1979.

São Bernardo: a novel. Londres: P. Owen, 1975.

Italiano

Angoscia [Angústia]. Milão: Fratelli Bocca, 1954.

Insonnia [Insônia]. Roma: Edizioni Fahrenheit 451, 2008.

San Bernardo. Turim: Bollati Boringhieri Editore, 1993.

Siccità [Vidas secas]. Milão: Accademia Editrice, 1963.

Terra Bruciata [Vidas secas]. Milão: Nuova Accademia, 1961.

Vite Secche [Vidas secas]. Roma: Biblioteca Del Vascello, 1993.

Polonês

Zwiedle Zycie [Vidas secas]. 1950.

Romeno

Vieti Seci [Vidas secas]. 1966.

Sueco

Förtorkade Liv [Vidas secas]. 1993.

Tcheco

Vyprahlé Zivoty [Vidas secas]. Praga, 1959.

Turco

Kiraç [Vidas secas]. Istambul, 1985.

Bibliografia sobre Graciliano Ramos

Livros, dissertações, teses e artigos de periódicos

ABDALA JÚNIOR, Benjamin. *A escrita neorrealista*: análise socioestilística dos romances de Carlos de Oliveira e Graciliano Ramos. São Paulo: Ática, 1981. xii, 127 p. Bibliografia: p. [120]-127 (Ensaios, 73).

ABEL, Carlos Alberto dos Santos. *Graciliano Ramos, cidadão e artista*. Rio de Janeiro: UFRJ, 1983. 357 f. Tese (Doutorado) — Faculdade de Letras, Universidade Federal do Rio de Janeiro.

ABEL, Carlos Alberto dos Santos. *Graciliano Ramos, cidadão e artista*. Brasília, DF: Editora UnB, c1997. 384 p. Bibliografia: p. [375]-384.

ABREU, Carmem Lucia Borges de. *Tipos e valores do discurso citado em* Angústia. Niterói: UFF, 1977. 148 f. Dissertação (Mestrado) — Instituto de Letras, Universidade Federal Fluminense.

ALENCAR, Ubireval (Org.). *Motivos de um centenário*: palestras — programação centenária em Alagoas — convidados do simpósio internacional. Alagoas: Universidade Federal de Alagoas: Instituto Arnon de Mello: Estado de Alagoas, Secretaria de Comunicação Social, 1992. 35 p., il.

ALMEIDA FILHO, Leonardo. *Graciliano Ramos e o mundo interior:* o desvão imenso do espírito. Brasília, DF: Editora UnB, 2008. 164 p.

ANDREOLI-RALLE, Elena. *Regards sur la littérature brésilienne.* Besançon: Faculté des Lettres et Sciences Humaines; Paris: Diffusion, Les Belles Lettres, 1993. 136 p., il. (Annales Littéraires de l'Université de Besançon, 492). Inclui bibliografia.

AUGUSTO, Maria das Graças de Moraes. *O absurdo na obra de Graciliano Ramos*, ou, de como um marxista virou existencialista. Rio de Janeiro: UFRJ, Instituto de Filosofia e Ciências Sociais, 1981. 198 p.

BARBOSA, Sonia Monnerat. *Edição crítica de* Angústia *de Graciliano Ramos.* Niterói: UFF, 1977. 2 v. Dissertação (Mestrado) — Instituto de Letras, Universidade Federal Fluminense.

BASTOS, Hermenegildo. Memórias do cárcere, *literatura e testemunho.* Brasília: Editora UnB, c1998. 169 p. Bibliografia: p. [163]-169.

BASTOS, Hermenegildo. *Relíquias de la casa nueva. La narrativa Latinoamericana: El eje Graciliano-Rulfo.* México: Universidad Nacional Autónoma de México, 2005. Centro Coordinador Difusor de Estúdios Latinoamericanos. Traducción de Antelma Cisneros. 160 p. Inclui bibliografia.

BASTOS, Hermenegildo. BRUNACCI, Maria Izabel. ALMEIDA FILHO, Leonardo. *Catálogo de benefícios:* O significado de uma homenagem. Edição conjunta com o livro *Homenagem a Graciliano Ramos*, registro do jantar comemorativo do cinquentenário do escritor, em 1943, quando lhe foi entregue o Prêmio Filipe de Oliveira pelo conjunto da obra. Reedição da publicação original inclui os discursos pronunciados por escritores presentes ao jantar e artigos publicados na imprensa por ocasião da homenagem. Brasília: Hinterlândia Editorial, 2010. 125 p.

BISETTO, Carmen Luc. *Étude quantitative du style de Graciliano Ramos dans* Infância. [S.l.], [s.n.]: 1976.

BOSI, Alfredo. *História concisa da literatura brasileira*. 32ª ed. Editora Cultrix, São Paulo: 1994. 528 p. Graciliano Ramos. p. 400-404. Inclui bibliografia.

BRASIL, Francisco de Assis Almeida. *Graciliano Ramos*: ensaio. Rio de Janeiro: Org. Simões, 1969. 160 p., il. Bibliografia: p. 153-156. Inclui índice.

BRAYNER, Sônia. *Graciliano Ramos*: coletânea. 2ª ed. Rio de Janeiro: Civilização Brasileira, 1978. 316 p. (Coleção Fortuna Crítica).

BRUNACCI, Maria Izabel. *Graciliano Ramos:* um escritor personagem. Belo Horizonte: Autêntica Editora, 2008. Crítica e interpretação. 190 p. Inclui bibliografia.

BUENO, Luís. *Uma história do romance de 30*. São Paulo: Ed. da Universidade de São Paulo; Campinas: Editora da Unicamp, 2006. 712 p. Graciliano Ramos, p. 597-664. Inclui bibliografia.

BUENO-RIBEIRO, Eliana. *Histórias sob o sol*: uma interpretação de Graciliano Ramos. Rio de Janeiro: UFRJ, 1989. 306 f. Tese (Doutorado) — Faculdade de Letras, Universidade Federal do Rio de Janeiro, 1980.

BULHÕES, Marcelo Magalhães. *Literatura em campo minado*: a metalinguagem em Graciliano Ramos e a tradição brasileira. São Paulo: Annablume, FAPESP, 1999.

BUMIRGH, Nádia R.M.C. S. Bernardo *de Graciliano Ramos*: proposta para uma edição crítica. São Paulo: USP, 1998. Dissertação (Mestrado) — Faculdade de Filosofia, Letras e Ciências Humanas, Universidade de São Paulo.

CANDIDO, Antonio. *Ficção e confissão*: ensaio sobre a obra de Graciliano Ramos. Rio de Janeiro: J. Olympio, 1956. 83 p.

CANDIDO, Antonio. *Ficção e confissão*: ensaios sobre Graciliano Ramos. Rio de Janeiro: Editora 34, 1992. 108 p., il. Bibliografia: p. [110]-[111].

CARVALHO, Castelar de. *Ensaios gracilianos*. Rio de Janeiro: Ed. Rio, Faculdades Integradas Estácio de Sá, 1978. 133 p. (Universitária, 6).

CARVALHO, Elizabeth Pereira de. *O foco movente em Liberdade:* estilhaço e ficção em Silviano Santiago. Rio de Janeiro: UFRJ, 1992. 113 p. Dissertação (Mestrado) — Faculdade de Letras, Universidade Federal do Rio de Janeiro.

CARVALHO, Lúcia Helena de Oliveira Vianna. *A ponta do novelo*: uma interpretação da "mise en abîme" em *Angústia* de Graciliano Ramos. Niterói: UFF, 1978. 183 f. Dissertação (Mestrado) — Instituto de Letras, Universidade Federal Fluminense.

CARVALHO, Lúcia Helena de Oliveira Vianna. *A ponta do novelo*: uma interpretação de *Angústia*, de Graciliano Ramos. São Paulo: Ática, 1983. 130 p. (Ensaios, 96). Bibliografia: p. [127]-130.

CARVALHO, Lúcia Helena de Oliveira Vianna. *Roteiro de leitura*: *São Bernardo* de Graciliano Ramos. São Paulo: Ática, 1997. 152 p. Brochura.

CARVALHO, Luciana Ribeiro de. *Reflexos da Revolução Russa no romance brasileiro dos anos trinta*: Jorge Amado e Graciliano Ramos. São Paulo, 2000. 139 f. Dissertação (Mestrado) — Faculdade de Filosofia, Letras e Ciências Humanas, Universidade de São Paulo.

CARVALHO, Sônia Maria Rodrigues de. *Traços de continuidade no universo romanesco de Graciliano Ramos.* São Paulo: Universidade Estadual Paulista, 1990. 119 f. Dissertação (Mestrado) — Universidade Estadual Paulista Júlio Mesquita Filho.

CASTELLO, José Aderaldo. *Homens e intenções*: cinco escritores modernistas. São Paulo: Conselho Estadual de Cultura, Comissão de Literatura, 1959. 107 p. (Coleção Ensaio, 3).

CASTELLO, José Aderaldo. *A literatura brasileira. Origens e Unidade (1500-1960).* Dois vols. Editora da Universidade de São Paulo, SP, 1999. Graciliano Ramos, autor-síntese. Vol. II, p. 298-322.

CENTRE DE RECHERCHES LATINO-AMÉRICAINES. *Graciliano Ramos: Vidas secas.* [S.l.], 1972. 142 p.

CERQUEIRA, Nelson. *Hermenêutica e literatura:* um estudo sobre *Vidas secas* de Graciliano Ramos e *Enquanto agonizo* de William Faulkner. Salvador: Editora Cara, 2003. 356 p.

CÉSAR, Murilo Dias. *São Bernardo.* São Paulo: Imprensa Oficial do Estado, 1997. 64 p. Título de capa: *Adaptação teatral livre de* São Bernardo, *de Graciliano Ramos.*

[CINQUENTA] 50 anos do romance *Caetés.* Maceió: Departamento de Assuntos Culturais, 1984. 106 p. Bibliografia: p. [99]-100.

COELHO, Nelly Novaes. *Tempo, solidão e morte.* São Paulo: Conselho Estadual de Cultura, Comissão de Literatura, [1964]. 75 p. (Coleção Ensaio, 33). Conteúdo: O "eterno instante" na poesia de Cecília Meireles; Solidão e luta em Graciliano Ramos; O tempo e a morte: duas constantes na poesia de Antônio Nobre.

CONRADO, Regina Fátima de Almeida. *O mandacaru e a flor*: a autobiografia *Infância* e os modos de ser Graciliano. São Paulo: Arte & Ciência, 1997. 207 p. (Universidade Aberta, 32. Literatura). Parte da dissertação do autor (Mestrado) — UNESP, 1989. Bibliografia: p. [201]-207.

CORRÊA JUNIOR, Ângelo Caio Mendes. *Graciliano Ramos e o Partido Comunista Brasileiro*: as memórias do cárcere. São Paulo, 2000. 123 p. Dissertação (Mestrado) — Faculdade de Filosofia, Letras e Ciências Humanas, Universidade de São Paulo.

COURTEAU, Joanna. *The World View in the Novels of Graciliano Ramos.* Ann Arbor: Univ. Microfilms Int., 1970. 221 f. Tese (Doutorado) — The University of Wisconsin. Ed. Fac-similar.

COUTINHO, Fernanda. *Imagens da infância em Graciliano Ramos e Antoine de Saint-Exupéry.* Recife: UFPE, 2004. 231 f. Tese (doutorado) — Centro de Artes e Comunicação, Universidade Federal de Pernambuco. Inclui bibliografia.

COUTINHO, Fernanda. *Imagens da infância em Graciliano Ramos e Antoine de Saint-Exupéry.* Fortaleza: Banco do

Nordeste do Brasil, 2012. 276p. (Série Textos Nômades). Esta edição comemora os 120 anos de nascimento de Graciliano Ramos.

COUTINHO, Fernanda. *Lembranças pregadas a martelo:* breves considerações sobre o medo em *Infância* de Graciliano Ramos. In Investigações: Revista do Programa de Pós-graduação em Letras e Linguística da UFPE. Recife: vol. 13 e 14, dezembro, 2001.

CRISTÓVÃO, Fernando Alves. *Graciliano Ramos*: estrutura e valores de um modo de narrar. Rio de Janeiro: Ed. Brasília; Brasília: INL, 1975. 330 p. il. (Coleção Letras, 3). Inclui índice. Bibliografia: p. 311-328.

CRISTÓVÃO, Fernando Alves. *Graciliano Ramos*: estrutura e valores de um modo de narrar. 2ª ed., rev. Rio de Janeiro: Ed. Brasília/Rio, 1977. xiv, 247 p., il. (Coleção Letras). Bibliografia: p. 233-240.

CRISTÓVÃO, Fernando Alves. *Graciliano Ramos*: estrutura e valores de um modo de narrar. Prefácio de Gilberto Mendonça Teles. 3ª ed., rev. e il. Rio de Janeiro: J. Olympio, 1986. xxxiii, 374 p., il. (Coleção Documentos Brasileiros, 202). Bibliografia: p. 361-374. Apresentado originalmente como tese do autor (Doutorado em Literatura Brasileira) — Universidade Clássica de Lisboa. Brochura.

CRUZ, Liberto; EULÁLIO, Alexandre; AZEVEDO, Vivice M. C. *Études portugaises et brésiliennes*. Rennes: Faculté des Lettres et Sciences Humaines, 1969. 72 p. facsims. Bibliografia: p. 67-71. Estudo sobre: Júlio Dinis, Blaise Cendrars, Darius Milhaud e Graciliano Ramos. Travaux de la Faculté des Lettres et Sciences Humaines de l'Université de Rennes, Centre d'Études Hispaniques, Hispano-Américaines et Luso-Brésiliennes (Series, 5), (Centre d'Études Hispaniques, Hispano-américaines et Luso-Brésiliennes. [Publications], 5).

DANTAS, Audálio. *A infância de Graciliano Ramos*: biografia. Literatura infantojuvenil. São Paulo: Instituto Callis, 2005.

DIAS, Ângela Maria. *Identidade e memória*: os estilos Graciliano Ramos e Rubem Fonseca. Rio de Janeiro: UFRJ, 1989. 426 f. Tese (Doutorado) — Faculdade de Letras, Universidade Federal do Rio de Janeiro.

D'ONOFRIO, Salvatore. *Conto brasileiro*: quatro leituras (Machado de Assis, Graciliano Ramos, Guimarães Rosa, Osman Lins). Petrópolis: Vozes, 1979. 123 p.

DUARTE, Eduardo de Assis (Org.). *Graciliano revisitado*: coletânea de ensaios. Natal: Ed. Universitária, UFRN, 1995. 227 p. (Humanas letras).

ELLISON, Fred P. *Brazil's New Novel:* Four Northeastern Masters: José Lins do Rego, Jorge Amado, Graciliano Ramos [and] Rachel de Queiroz. Berkeley: University of California Press, 1954. 191 p. Inclui bibliografia.

ELLISON, Fred P. *Brazil's New Novel:* Four Northeastern Masters: José Lins do Rego, Jorge Amado, Graciliano Ramos, Rachel de Queiroz. Westport, Conn.: Greenwood Press, 1979 (1954). xiii, 191 p. Reimpressão da edição publicada pela University of California Press, Berkeley. Inclui índice. Bibliografia: p. 183-186.

FABRIS, M. "Função Social da Arte: Cândido Portinari e Graciliano Ramos". *Rev. do Instituto de Estudos Brasileiros*, São Paulo, n. 38, p. 11-19, 1995.

FARIA, Viviane Fleury. *Um fausto cambembe:* Paulo Honório. Tese (Doutorado) — Brasília: UnB, 2009. Orientação de Hermenegildo Bastos. Programa de Pós-Graduação em Literatura, UnB.

FÁVERO, Afonso Henrique. *Aspectos do memorialismo brasileiro*. São Paulo, 1999. 370 p. Tese (Doutorado) — Faculdade de Filosofia, Letras e Ciências Humanas, Universidade de São Paulo. Graciliano Ramos é um dos três autores que "figuram em primeiro plano na pesquisa, com *Infância* e *Memórias do cárcere*, duas obras de reconhecida importância dentro do gênero".

FELDMANN, Helmut. *Graciliano Ramos:* eine Untersuchung zur Selbstdarstellung in seinem epischen Werk. Genève: Droz, 1965. 135 p. facsims. (Kölner romanistische Arbeiten, n.F., Heft 32). Bibliografia: p. 129-135. Vita. Thesis — Cologne.

FELDMANN, Helmut. *Graciliano Ramos:* reflexos de sua personalidade na obra. [Tradução de Luís Gonzaga Mendes Chaves e José Gomes Magalhães.] Fortaleza: Imprensa Universitária do Ceará, 1967. 227 p. (Coleção Carnaúba, 4). Bibliografia: p. [221]-227.

FELINTO, Marilene. *Graciliano Ramos.* São Paulo: Brasiliense, 1983. 78 p., il. "Outros heróis e esse Graciliano". Lista de trabalhos de Graciliano Ramos incluída em "Cronologia": p. 68-75. (Encanto Radical, 30).

FERREIRA, Jair Francelino; BRUNETI, Almir de Campos. *Do meio aos mitos*: Graciliano Ramos e a tradição religiosa. Brasília, 1999. Dissertação (Mestrado) — Universidade de Brasília. 94 p.

FISCHER, Luis Augusto; GASTAL, Susana; COUTINHO, Carlos Nelson (Org.). *Graciliano Ramos.* [Porto Alegre]: SMC, 1993. 80 p. (Cadernos Ponto & Vírgula). Bibliografia: p. 79-80.

FONSECA, Maria Marília Alves da. *Análise semântico-estrutural da preposição "de" em* Vidas secas, S. Bernardo *e* Angústia. Niterói: UFF, 1980. 164 f. Dissertação (Mestrado) — Instituto de Letras, Universidade Federal Fluminense.

FRAGA, Myriam. *Graciliano Ramos.* São Paulo: Moderna, 2007. Coleção Mestres da Literatura. (Literatura infantojuvenil).

FREIXIEIRO, Fábio. *Da razão à emoção II*: ensaios rosianos e outros ensaios e documentos. Rio de Janeiro: Tempo Brasileiro, 1971. 192 p. (Temas de Todo o Tempo, 15).

GARBUGLIO, José Carlos; BOSI, Alfredo; FACIOLI, Valentim. *Graciliano Ramos.* Participação especial, Antonio Candido [et al.]. São Paulo: Ática, 1987. 480 p., il. (Coleção Autores Brasileiros. Antologia, 38. Estudos, 2). Bibliografia: p. 455-480.

GIMENEZ, Erwin Torralbo. *O olho torto de Graciliano Ramos: metáfora e perspectiva.* Revista USP, São Paulo, nº 63, p. 186-196, set/nov, 2004.

GUEDES, Bernadette P. *A Translation of Graciliano Ramos' Caetes.* Ann Arbor: Univ. Microfilms Int, 1976. 263 f. Tese (Doutorado) — University of South Carolina. Ed. fac-similar.

GUIMARÃES, José Ubireval Alencar. *Graciliano Ramos:* discurso e fala das memórias. Porto Alegre: PUC/RS, 1982. 406 f. Tese (Doutorado) — Instituto de Letras e Artes, Pontifícia Universidade Católica do Rio Grande do Sul.

GUIMARÃES, José Ubireval Alencar. *Graciliano Ramos e a fala das memórias.* Maceió: [Serviços Gráficos de Alagoas], 1988. 305 p., il. Bibliografia: p. [299]-305.

GUIMARÃES, José Ubireval Alencar. Vidas secas: um ritual para o mito da seca. Maceió: EDICULTE, 1989. 160 p. Apresentado originalmente como dissertação de Mestrado do autor. — Pontifícia Universidade Católica do Rio Grande do Sul. Bibliografia: p. [155]-157.

HAMILTON JUNIOR, Russell George. *A arte de ficção de Graciliano Ramos*: a apresentação de personagens. Ann Arbor: Univ. Microfilms Int., 1965. Tese (Doutorado) — Yale University. Ed. Fac-similar, 255 f.

HESSE, Bernard Hermann. *O escritor e o infante*: uma negociação para a representação em *Infância*. Brasília, 2007. Tese (Doutorado) — Orientação de Hermenegildo Bastos. Programa de Pós-graduação de Literatura — Universidade de Brasília.

HILLAS, Sylvio Costa. *A natureza interdisciplinar da teoria literária no estudo sobre* Vidas secas. Rio de Janeiro: UFRJ, 1999. 105 f. Dissertação (Mestrado) — Faculdade de Letras, Universidade Federal do Rio de Janeiro.

HOLANDA, Lourival. *Sob o signo do silêncio*: *Vidas secas* e *O estrangeiro*. São Paulo: EDUSP, 1992. 91 p. Bibliografia: p. [89]-91. (Criação & Crítica, 8).

LEBENSZTAYN, Ieda. *Graciliano Ramos e a Novidade*: o astrônomo do inferno e os meninos impossíveis. São Paulo: Ed. Hedra em parceria com a Escola da Cidade (ECidade), 2010. 524 p.

LEITÃO, Cláudio Correia. *Origens e fins da memória*: Graciliano Ramos, Joaquim Nabuco e Murilo Mendes. Belo Horizonte, 1997. 230 f. Tese (Doutorado) — Universidade Federal de Minas Gerais.

LEITÃO, Cláudio. *Líquido e incerto*; memória e exílio em Graciliano Ramos. Niterói: EdUFF, São João del Rei: UFSJ, 2003. 138 p.

LIMA, Valdemar de Sousa. *Graciliano Ramos em Palmeira dos Índios*. [Brasília]: Livraria-Editora Marco [1971]. 150 p., il. 2ª ed. Civilização Brasileira, 1980.

LIMA, Yêdda Dias; REIS, Zenir Campos (Coord.). *Catálogo de manuscritos do arquivo Graciliano Ramos*. São Paulo: EDUSP, [1992]. 206 p. (Campi, 8). Inclui bibliografia.

LINS, Osman. *Graciliano, Alexandre e outros*. Vitral ao sol. Recife, Editora Universitária da UFPE, p. 300-307, julho, 2004.

LOUNDO, Dilip. *Tropical rhymes, topical reasons*. An Antology of Modern Brazilian Literature. National Book Trust, Índia. Nova Délhi, 2001.

LUCAS, Fabio. *Lições de literatura nordestina*. Salvador: Fundação Casa de Jorge Amado, 2005. Coleção Casa de Palavras, 240 p. "Especificações de *Vidas secas*", p. 15-35, "A textualidade contida de Graciliano Ramos", p. 39-53, "Graciliano retratado por Ricardo Ramos", p. 87-98. Inclui bibliografia.

MAGALHÃES, Belmira. Vidas secas: os desejos de sinha Vitória. HD Livros Editora Curitiba, 2001.

MAIA, Ana Luiza Montalvão; VENTURA, Aglaeda Facó. *O contista Graciliano Ramos*: a introspecção como forma de perceber e dialogar com a realidade. Brasília, 1993. 111 f. Dissertação (Mestrado) — Universidade de Brasília.

MAIA, Pedro Moacir. *Cartas inéditas de Graciliano Ramos a seus tradutores argentinos Benjamín de Garay e Raúl Navarro*. Salvador: EDUFBA, 2008. 164 p.: il.

MALARD, Letícia. *Ensaio de literatura brasileira*: ideologia e realidade em Graciliano Ramos. Belo Horizonte: Itatiaia, [1976].

164 p. (Coleção Universidade Viva, 1). Bibliografia: p. 155-164. Apresentado originalmente como tese de Doutorado da autora — Universidade Federal de Minas Gerais, 1972.

MANUEL BANDEIRA, Aluisto [i.e. Aluisio] Azevedo, Graciliano Ramos, Ariano Suassuna: [recueil de travaux présentés au séminaire de 1974]. Poitiers: Centre de Recherches Latino-Américaines de l'Université de Poitiers, 1974. 167 p. (Publications du Centre de Recherches Latino-Américaines de l'Université de Poitiers). Francês ou português. Conteúdo: Roig, A. Manuel Bandeira, ou l'enfant père du poète, Garbuglio, J. C. Bandeira entre o Beco e Pasárgada, Vilhena, M. da C. Duas cantigas medievais de Manuel Bandeira, Mérian, J.-Y. Un roman inachevé de Aluisio Azevedo, Alvès, J. Lecture plurielle d'un passage de *Vidas secas*, David-Peyre, Y. Les personnages et la mort dans *Relíquias de Casa Velha*, de Machado de Assis, Moreau, A. Remarques sur le dernier acte de l'*Auto da Compadecida*, Azevedo-Batard, V. Apports inédits à l'oeuvre de Graciliano Ramos.

MARINHO, Maria Celina Novaes. *A imagem da linguagem na obra de Graciliano Ramos*: uma análise da heterogeneidade discursiva nos romances *Angústia* e *Vidas secas*. São Paulo: Humanitas, FFLCH/USP, 2000. 110 p. Apresentado originalmente como dissertação do autor (Mestrado) — Universidade de São Paulo, 1995. Bibliografia: p. [105]-110.

MAZZARA, Richard A. *Graciliano Ramos*. Nova York: Twayne Publishers, [1974]. 123 p. (Twayne's World Authors Series, TWAS 324. Brazil). Bibliografia: p. 121-122.

MEDEIROS, Heloísa Marinho de Gusmão. *A mulher na obra de Graciliano Ramos*. Maceió, Universidade Federal de Alagoas/ Deptº de Letras Estrangeiras, 1994.

MELLO, Marisa Schincariol de. *Graciliano Ramos:* criação literária e projeto político (1930-1953). Rio de Janeiro, 2005. Dissertação (Mestrado). História Contemporânea. Universidade Federal Fluminense (UFF).

MERCADANTE, Paulo. *Graciliano Ramos*: o manifesto do trágico. Rio de Janeiro: Topbooks, 1993. 167 p. Inclui bibliografia.

MIRANDA, Wander Melo. *Corpos escritos*: Graciliano Ramos e Silviano Santiago. São Paulo: EDUSP; Belo Horizonte: Editora UFMG, 1992. 174 p. Apresentado originalmente como tese do autor (Doutorado) — Universidade de São Paulo, 1987. Bibliografia: p. [159]-174.

MIRANDA, Wander Melo. *Graciliano Ramos*. São Paulo: Publifolha, 2004. 96 p.

MORAES, Dênis de. *O velho Graça*. Rio de Janeiro: J. Olympio, 1992. xxiii, 407 p., il. Subtítulo de capa: Uma biografia de Graciliano Ramos. Bibliografia: p. 333-354. Inclui índice. São Paulo: Boitempo Editorial, 2012; 2ª ed., 360 p.

MOTTA, Sérgio Vicente. *O engenho da narrativa e sua árvore genealógica*: das origens a Graciliano Ramos e Guimarães Rosa. São Paulo: UNESP, 2006.

MOURÃO, Rui. *Estruturas*: ensaio sobre o romance de Graciliano. Belo Horizonte: Edições Tendências, 1969. 211 p. 2ª ed., Arquivo, INL, 1971. 3ª ed., Ed. UFPR, 2003.

MUNERATTI, Eduardo. *Atos agrestes*: uma abordagem geográfica na obra de Graciliano Ramos. São Paulo, 1994. 134 p. Dissertação (Mestrado em Geografia Humana) — Faculdade de Filosofia, Letras e Ciências Humanas, Universidade de São Paulo.

MURTA, Elício Ângelo de Amorim. *Os nomes (próprios) em* Vidas secas. Concurso monográfico "50 anos de Vidas secas". Universidade Federal de Alagoas, 1987.

NASCIMENTO, Dalma Braune Portugal do. *Fabiano, herói trágico na tentativa do ser*. Rio de Janeiro: UFRJ, 1976. 69 f. Dissertação (Mestrado) — Faculdade de Letras, Universidade Federal do Rio de Janeiro.

NASCIMENTO, Dalma Braune Portugal do. *Fabiano, herói trágico na tentativa do ser*. Rio de Janeiro: Edições Tempo Brasileiro, 1980. 59 p. Bibliografia: p. 55-59.

NEIVA, Cícero Carreiro. Vidas secas *e* Pedro Páramo: tecido de vozes e silêncios na América Latina. Rio de Janeiro: UFRJ, 2001. 92 f. Dissertação (Mestrado) — Faculdade de Letras, Universidade Federal do Rio de Janeiro.

NERY, Vanda Cunha Albieri. *Graça eterno.* No universo infinito da criação. (Doutorado em Comunicação e Semiótica). Pontifícia Universidade Católica de São Paulo, 1995.

NEVES, João Alves das. *Graciliano Ramos.* Coimbra: Atlântida, 1963. 212 p.

NOGUEIRA, Ruth Persice. *Jornadas e sonhos*: a busca da utopia pelo homem comum: estudo comparativo dos romances *As vinhas da ira* de John Steinbeck e *Vidas secas* de Graciliano Ramos. Rio de Janeiro: UFRJ, 1994. 228 f. Tese (Doutorado) — Faculdade de Letras, Universidade Federal do Rio de Janeiro.

NUNES, M. Paulo. *A lição de Graciliano Ramos.* Teresina: Editora Corisco, 2003.

OLIVEIRA, Celso Lemos de. *Understanding Graciliano Ramos.* Columbia, S.C.: University of South Carolina Press, 1988. 188 p. (Understanding Contemporary European and Latin American Literature). Inclui índice. Bibliografia: p. 176-182.

OLIVEIRA NETO, Godofredo de. *A ficção na realidade em* São Bernardo. 1ª ed. Belo Horizonte: Nova Safra; [Blumenau]: Editora da FURB, c1990. 109 p., il. Baseado no capítulo da tese do autor (Doutorado — UFRJ, 1988), apresentado sob o título: *O nome e o verbo na construção de* São Bernardo. Bibliografia: p. 102-106.

OLIVEIRA, Jurema José de. *O espaço do oprimido nas literaturas de língua portuguesa do século XX*: Graciliano Ramos, Alves Redol e Fernando Monteiro de Castro Soromenho. Rio de Janeiro: UFRJ, 1998. 92 p. Dissertação (Mestrado) — Faculdade de Letras, Universidade Federal do Rio de Janeiro.

OLIVEIRA, Luciano. *O bruxo e o rabugento.* Ensaios sobre Machado de Assis e Graciliano Ramos. Rio de Janeiro: Vieira & Lent, 2010.

OLIVEIRA, Maria de Lourdes. *Cacos de Memória*: Uma leitura de *Infância*, de Graciliano Ramos. Belo Horizonte, 1992. 115 f. Dissertação (Mestrado) — Universidade Federal de Minas Gerais.

PALMEIRA DOS ÍNDIOS. Prefeitura. *Dois relatórios ao governador de Alagoas*. Apresentação de Gilberto Marques Paulo. Recife: Prefeitura da Cidade do Recife, Secretaria de Educação e Cultura, Fundação de Cultura Cidade do Recife, 1992. 44 p. "Edição comemorativa ao centenário de nascimento do escritor Graciliano Ramos (1892-1953)." Primeiro trabalho publicado originalmente: Relatório ao Governador do Estado de Alagoas. Maceió: Impr. Official, 1929. Segundo trabalho publicado originalmente: 2º Relatório ao Sr. Governador Álvaro Paes. Maceió: Impr. Official, 1930.

PEÑUELA CAÑIZAL, Eduardo Penuela. *Duas leituras semióticas*: Graciliano Ramos e Miguel Ángel Asturias. São Paulo: Perspectiva, 1978. 88 p., il.

PEÑUELA CAÑIZAL, Eduardo. *Duas leituras semióticas*: Graciliano Ramos e Miguel Ángel Asturias. São Paulo: Perspectiva, Secretaria da Cultura, Ciência e Tecnologia do Estado de São Paulo, 1978. 88 p. (Coleção Elos, 21).

PEREGRINO JÚNIOR. *Três ensaios*: modernismo, Graciliano, Amazônia. Rio de Janeiro: São José, 1969. 134 p.

PEREIRA, Isabel Cristina Santiago de Brito; PATRIOTA, Margarida de Aguiar. *A configuração da personagem no romance de Graciliano Ramos*. Brasília, 1983. Dissertação (Mestrado) — Universidade de Brasília. 83 p.

PINTO, Rolando Morel. *Graciliano Ramos, autor e ator*. [São Paulo: Faculdade de Filosofia, Ciências e Letras de Assis, 1962.] 189 p. fac-sím. Bibliografia: p. 185-189.

PÓLVORA, Hélio. "O conto na obra de Graciliano." Ensaio p. 53-61. *Itinerários do conto: interfaces críticas e teóricas de modern short stories*. Ilhéus: Editus, 2002. 252 p.

PÓLVORA, Hélio. *Graciliano, Machado, Drummond e outros*. Rio de Janeiro: F. Alves, 1975. 158 p.

PÓLVORA, Hélio. "Infância: A maturidade da prosa." "Imagens recorrentes em *Caetés*." "O anti-herói trágico de *Angústia*." Ensaios p. 81-104. *O espaço interior*. Ilhéus: Editora da Universidade Livre do Mar e da Mata, 1999. 162 p.

PUCCINELLI, Lamberto. *Graciliano Ramos*: relações entre ficção e realidade. São Paulo: Edições Quíron, 1975. xvii, 147 p. (Coleção Escritores de Hoje, 3). "Originalmente a dissertação de Mestrado *Graciliano Ramos — figura e fundo*, apresentada em 1972 na disciplina de Sociologia da Literatura à Faculdade de Filosofia, Letras e Ciências Humanas da Universidade de São Paulo." Bibliografia: p. 145-146.

RAMOS, Clara. *Cadeia*. Rio de Janeiro: J. Olympio, c1992. 213 p., il. Inclui bibliografia.

RAMOS, Clara. *Mestre Graciliano*: confirmação humana de uma obra. [Capa, Eugênio Hirsch]. Rio de Janeiro: Civilização Brasileira, 1979. 272 p., il. (Coleção Retratos do Brasil, 134). Inclui bibliografia.

RAMOS, Elizabeth S. *Histórias de bichos em outras terras:* a transculturação na tradução de Graciliano Ramos. Salvador: UFBA, 1999. Dissertação (Mestrado) — Instituto de Letras, Universidade Federal da Bahia.

RAMOS, Elizabeth S. Vidas Secas *e The Grapes of Wrath — o implícito metafórico e sua tradução*. Salvador: UFBA, 2003. 162 f. Tese (Doutorado) — Instituto de Letras, Universidade Federal da Bahia.

RAMOS, Elizabeth S. *Problems of Cultural Translation in Works by Graciliano Ramos*. Yale University-Department of Spanish and Portuguese, Council on Latin American and Iberian Studies. New Haven, EUA, 2004.

RAMOS, Ricardo. *Graciliano*: retrato fragmentado. São Paulo: Globo, 2011. 2ª ed. 270 p.

REALI, Erilde Melillo. *Itinerario nordestino di Graciliano Ramos*. Nápoles [Itália]: Intercontinentalia, 1973. 156 p. (Studi, 4).

REZENDE, Stella Maris; VENTURA, Aglaeda Facó. *Graciliano Ramos e a literatura infantil*. Brasília, 1988. 101 p. Dissertação (Mestrado) — Universidade de Brasília.

RIBEIRO, Magdalaine. *Infância de Graciliano Ramos*. Autobiografia ou radiografia da realidade nordestina? In: Identidades e representações na cultura brasileira. Rita Olivieri-Gadot, Lícia Soares de Souza (Org.). João Pessoa: Ideia, 2001.

RIBEIRO, Maria Fulgência Bomfim. *Escolas da vida e grafias de má morte*: a educação na obra de Graciliano Ramos. Dissertação (Mestrado). Departamento de Letras e Artes, Universidade Estadual de Feira de Santana, 2003.

RISSI, Lurdes Theresinha. *A expressividade da semântica temporal e aspectual em* S. Bernardo *e* Angústia. Niterói: UFF, 1978. 142 f. Dissertação (Mestrado) — Instituto de Letras, Universidade Federal Fluminense.

SANT'ANA, Moacir Medeiros de. *A face oculta de Graciliano Ramos*. Maceió: Secretaria de Comunicação Social: Arquivo Público de Alagoas, 1992. 106 p., il. Subtítulo de capa: Os 80 anos de um inquérito literário. Inclui: "A arte e a literatura em Alagoas", do *Jornal de Alagoas*, publicado em 18/09/1910 (p. [37]-43). Inclui bibliografia.

SANT'ANA, Moacir Medeiros de. *Graciliano Ramos*: achegas biobibliográficas. Maceió: Arquivo Público de Alagoas, SENEC, 1973. 92 p., il. Inclui bibliografias.

SANT'ANA, Moacir Medeiros de. *Graciliano Ramos*: vida e obra. Maceió: Secretaria de Comunicação Social, 1992. 337 p., il. ret., fac-símiles. Dados retirados da capa. Bibliografia: p. 115-132.

SANT'ANA, Moacir Medeiros de. *Graciliano Ramos antes de* Caetés: catálogo da exposição biobibliográfica de Graciliano Ramos, comemorativa dos 50 anos do romance *Caetés*, realizada pelo Arquivo Público de Alagoas em novembro de 1983. Maceió: Arquivo Público de Alagoas, 1983. 42 p., il.

Título de capa: Catálogo, Graciliano Ramos antes de *Cahetés*. Inclui bibliografia. Contém dados biográficos.

SANT'ANA, Moacir Medeiros de. *História do romance* Caetés. Maceió: Arquivo Público: Subsecretaria de Comunicação Social, 1983. 38 p., il. Inclui bibliografia.

SANT'ANA, Moacir Medeiros de. *O romance* S. Bernardo. Maceió: Universidade Federal de Alagoas, 1984. 25 p. "Catálogo da Exposição Bibliográfica 50 Anos de *S. Bernardo*" realizada pelo Arquivo Público de Alagoas em dezembro de 1984. Contém dados biográficos. Bibliografia: p. 17-25.

SANT'ANA, Moacir Medeiros de. Vidas secas: história do romance. Recife: Sudene, 1999. 150 p., il. "Bibliografia sobre *Vidas secas*": p. [95]-117.

SANTIAGO, Silviano. *Em liberdade*: uma ficção de Silviano Santiago. Rio de Janeiro: Paz e Terra, 1981. 235 p. (Coleção Literatura e Teoria Literária, 41).

SANTOS, Valdete Pinheiro. *A metaforização em* Vidas secas: a metáfora de base animal. Rio de Janeiro: UFRJ, 1979. 65 f. Dissertação (Mestrado) — Faculdade de Letras, Universidade Federal do Rio de Janeiro.

SÉMINAIRE GRACILIANO RAMOS, 1971, Poitiers. *Graciliano Ramos*: *Vidas secas*. Poitiers [França]: Centre de Recherches Latino-Américaines de l'Université de Poitiers, 1972. 142 p. (Publications du Centre de Recherches Latino-Américaines de l'Université de Poitiers). Seminários: fev.-jun. de 1971. Inclui bibliografia.

SERRA, Tânia Rebelo Costa. *Análise histórica de* Vidas secas *de Graciliano Ramos*. Brasília, 1980. 17 f.

SILVA, Bélchior Cornelio da. *O pio da coruja*: ensaios literários. Belo Horizonte: Ed. São Vicente, 1967. 170 p.

SILVA, Enaura Quixabeira Rosa e outros. Angústia *70 anos depois*. Maceió: Ed. Catavento, 2006. 262 p.

SILVA, Hélcio Pereira da. *Graciliano Ramos*: ensaio crítico-psicanalítico. Rio de Janeiro, Aurora, 1950. 134 p., 2ª ed. rev., Ed. G. T. L., 1954.

SILVEIRA, Paulo de Castro. *Graciliano Ramos*: nascimento, vida, glória e morte. Maceió: Fundação Teatro Deodoro, 1982. 210 p.: il.

SOUZA, Tânia Regina de. *A infância do velho Graciliano:* memórias em letras de forma. Editora da UFSC. Florianópolis, 2001.

STEGAGNO-PICCHIO, Luciana. *História da literatura brasileira*, Rio de Janeiro: Nova Aguilar, 2ª ed., 2004. 744 p. "O Nordeste em ponta seca: Graciliano Ramos." p. 531-533. Inclui bibliografia.

TÁTI, Miécio. "Aspectos do romance de Graciliano Ramos". *Temário* — Revista de Literatura e Arte, Rio de Janeiro, v. 2, n. 4, p. 1-19, jan.-abr., 1952.

UNIVERSIDADE DE BRASÍLIA. *Roteiro de* Vidas secas: seminário sobre o livro de Graciliano Ramos e o filme de Nelson Pereira dos Santos. Brasília, 1965. 63 p.

UNIVERSITÉ DE POITIERS. *Manuel Bandeira, Aluísio Azevedo, Graciliano Ramos, Ariano Suassuna*. Poitiers, 1974. Texto em francês e português. 167 p.

VENTURA, Susanna Ramos. *Escritores revisitam escritores*: a leitura de Fernando Pessoa e Ricardo Reis, por José Saramago, e de Graciliano Ramos e Cláudio Manuel da Costa, por Silviano Santiago. São Paulo, 2000. 194 p. Anexos. Dissertação (Mestrado) — Faculdade de Filosofia, Letras e Ciências Humanas, Universidade de São Paulo.

VERDI, Eunaldo. *Graciliano Ramos e a crítica literária*. Prefácio de Edda Arzúa Ferreira. Florianópolis: Ed. da UFSC, 1989. 184 p., il. Apresentado originalmente como dissertação de Mestrado do autor — Universidade Federal de Santa Catarina, 1983. Bibliografia: p. 166-180.

VIANA, Vivina de Assis. *Graciliano Ramos*. São Paulo: Nova Cultural, 1990. 144 p.

VIANNA, Lúcia Helena. *Roteiro de leitura*: *São Bernardo* de Graciliano Ramos. São Paulo: Ática, 1997. 152 p., il.

ZILBERMAN, Regina. São Bernardo *e os processos da comunicação.* Porto Alegre: Movimento, 1975. 66 p. (Coleção Augusto Meyer: Ensaios, 8). Inclui bibliografia.

Produções cinematográficas

Vidas secas — Direção de Nelson Pereira dos Santos, 1963.

São Bernardo — Direção, adaptação e roteiro de Leon Hirszman, 1972.

Memórias do cárcere — Direção de Nelson Pereira dos Santos, 1983.

Produção para rádio e TV

São Bernardo — novela em capítulos baseada no romance, adaptado para a Rádio Globo do Rio de Janeiro por Amaral Gurgel, em 1949.

São Bernardo — *Quarta Nobre* baseada no romance, adaptado em um episódio para a TV Globo por Lauro César Muniz, em 29 de junho de 1983.

A terra dos meninos pelados — musical infantil baseado na obra homônima, adaptada em quatro episódios para a TV Globo por Cláudio Lobato e Márcio Trigo, em 2003.

Graciliano Ramos — Relatos da Sequidão. DVD — Vídeo. Direção, roteiro e entrevistas de Maurício Melo Júnior. TV Senado, 2010.

Prêmios literários

Prêmio Lima Barreto, pela *Revista Acadêmica* (conferido a *Angústia*, 1936).

Prêmio de Literatura Infantil, do Ministério da Educação (conferido a *A terra dos meninos pelados*, 1937).

Prêmio Felipe de Oliveira (pelo conjunto da obra, 1942).

Prêmio Fundação William Faulkner (conferido a *Vidas secas*, 1962).

Por iniciativa do governo do Estado de Alagoas, os Serviços Gráficos de Alagoas S.A. (SERGASA) passaram a se chamar, em 1999, Imprensa Oficial Graciliano Ramos (Iogra).

Em 2001 é instituído pelo governo do Estado de Alagoas o ano Graciliano Ramos, em decreto de 25 de outubro. Neste mesmo ano, em votação popular, Graciliano é eleito o alagoano do século.

Medalha Chico Mendes de Resistência, conferida pelo grupo Tortura Nunca Mais, em 2003.

Prêmio Recordista 2003, Categoria Diamante, pelo conjunto da obra.

Exposições

Exposição Graciliano Ramos, 1962, Rio de Janeiro, Biblioteca Nacional.

Exposição Retrospectiva das Obras de Graciliano Ramos, 1963, Curitiba (10º aniversário de sua morte).

Mestre Graça: "Vida e Obra" — comemoração ao centenário do nascimento de Graciliano Ramos, 1992. Maceió, Governo de Alagoas.

Lembrando Graciliano Ramos — 1892-1992. Seminário em homenagem ao centenário de seu nascimento. Fundação Cultural do Estado da Bahia. Salvador, 1992.

Semana de Cultura da Universidade de São Paulo. Exposição Interdisciplinar Construindo Graciliano Ramos: *Vidas secas*. Instituto de Estudos Brasileiros/USP, 2001-2002.

Colóquio Graciliano Ramos — Semana comemorativa de homenagem pelo cinquentenário de sua morte. Academia de Letras da Bahia, Fundação Casa de Jorge Amado. Salvador, 2003.

Exposição O Chão de Graciliano, 2003, São Paulo, SESC Pompeia. Projeto e curadoria de Audálio Dantas.

Exposição O Chão de Graciliano, 2003, Araraquara, SP. SESC — Apoio UNESP. Projeto e curadoria de Audálio Dantas.

Exposição O Chão de Graciliano, 2003/04, Fortaleza, CE. SESC e Centro Cultural Banco do Nordeste. Projeto e curadoria de Audálio Dantas.

Exposição O Chão de Graciliano, 2003, Maceió, SESC São Paulo e Secretaria de Cultura do Estado de Alagoas. Projeto e curadoria de Audálio Dantas.

Exposição O Chão de Graciliano, 2004, Recife, SESC São Paulo, Fundação Joaquim Nabuco e Banco do Nordeste. Projeto e curadoria de Audálio Dantas.

4º Salão do Livro de Minas Gerais. Graciliano Ramos — 50 anos de sua morte, 50 anos de *Memórias do cárcere*, 2003. Câmara Brasileira do Livro. Prefeitura de Belo Horizonte.

Entre a morte e a vida. Cinquentenário da morte: Graciliano Ramos. Centenário do nascimento: Domingos Monteiro, João Gaspar Simões, Roberto Nobre. Exposição Bibliográfica e Documental. Museu Ferreira de Castro. Portugal, 2003.

Home page
http://www.graciliano.com.br
http://www.gracilianoramos.com.br

Este livro foi composto na tipografia
Melior LT Std, em corpo 10/15,5, e impresso em
papel off-white no Sistema Digital Instant Duplex
da Divisão Gráfica da Distribuidora Record.